T0294414

Aerosmith

Aerosmith

Vida, canciones, anécdotas, discografía

Eduardo Izquierdo

Diseño de cubierta e interior: Regina Richling

Fotografías interiores: APG images

Fotografía de cubierta: Shutterstock

ISBN: 978-84-121366-1-6

Depósito legal: B-1.910-2020

Impreso por Sagrafic, Passatge Carsi 6, 08025 Barcelona

Impreso en España - *Printed in Spain*

Para mi familia, dream on

Índice

Introducción

¡No es un cantante chaval, es una banda!

Una popular canción de mediados de los ochenta rezaba algo así como «I want my MTV». Época dorada del vídeo que mató a la estrella de la radio. Pero en España, ni MTV ni nada de nada. Salvo algún hijo de millonario que pudiera disfrutar de la televisión por satélite por aquel entonces, el resto de los mortales ocupábamos nuestras tediosas tardes estudiantiles o fines de semana sin un duro con lo que la televisión pública tuviera a bien mostrarnos. Desde la Barcelona preolímpica se grabó un nuevo programa de televisión que tuvo su audiencia hasta que, como suele ocurrir, cerraron la barraca. Se llamaba *Plastic* y lo presentaban tres jovencísimos Tinet Rubira, David Fernández y Marisol Galdón en La 2 de TVE. Con una estética entre el horterismo de la movida madrileña y el programa de la BBC *The Young Ones*, esos tres tipos te disparaban música por los tubos catódicos, combinando alguna actuación en directo y en ocasiones alocadas entrevistas. No había una línea editorial definida. Ahí te podías encontrar el rock gótico de The Cure, el punk de Kortatu o a los mismos Extremoduro. Y en una de esas ocurrió algo mágico. Me acuerdo como si fuera ahora. Estaba tirado en el sofá, sin prestar demasiada atención a la verborrea de sus presentadores cuando aparecen unos tipos en mallas, con pelo largo y cardado que pegaban saltos por doquier en una actuación en directo mientras uno de ellos se lo montaba en el interior de un ascensor con una señorita con escasa ropa. La música, el vídeo, ese cantante ataviado de rojo cual Belcebú que parecía fornicar con el micro me sacudió por completo de mi asiento. Para mí hay un antes y un después. Cuando son entrevistados, muchos de nuestros héroes musicales nos cuentan que todo cambió cuando vieron a Elvis en blanco y negro menear sus caderas. Otros, cuando David Bowie apareció en la BBC encarnando a Ziggy Stardust. Pues mi momento fue con los de Boston. Al terminar el vídeo, sólo oí una palabra: Aerosmith. Mi reacción fue automática e inédita. Apagué la tele y salí de casa de mis progenitores escopeteado, como si me fuera la vida en ello. Ni tan siquiera cogí los ferrocarriles para bajar a la popular calle Tallers de Barcelona, en la que sobreviven algunas de nuestras tiendas musicales favoritas. Me fui directo a una tienda que ya hace siglos que no existe. *Blanco y Negro* se llamaba. Era la primera vez que entraba. Estaban especializados en música de baile y eso a mí no me ha interesado jamás. Pero la tenía a escasos cinco minutos de casa. Entré sudado (hoy recuerdo que fui corriendo) y le pregunté al dependiente si tenían el último disco de un tipo llamado Aerosmith. El hombre me miró extrañado, preguntándose, por su cara, de dónde había salido aquel imberbe con cara de empollón. Y me soltó: «No es un cantante chaval, es una banda»... y me trajo el disco. Me entregó el vinilo. Ya la portada captó mi atención. Dos camionetas, una encima de la otra. Lo pagué y cuando ya estaba de vuelta a casa súper emocionado para volver a escuchar ese tema me percaté de algo muy grave. No tenía tocadiscos en mi cuarto y el de mis padres estaba prohibido tocarlo ¡Y me había comprado lo que antes llamábamos un LP! Era 1990. La fortuna quiso que un amigo del colegio me lo grabara en casete.

A partir de ahí, la inquietud y las ganas de indagar hicieron que un joven melómano buscara desesperadamente información sobre la banda de Boston en una época en la que no había Internet. La fuente de conocimiento eran las revistas musicales que devorábamos cada mes (*Popular 1* o *Ruta 66* básicamente) o la recomendación del propio *dealer* musical ahí en la primera calle a la derecha bajando por las Ramblas de Barcelona. *Permanent Vacation* fue el siguiente artefacto de la banda que me agencié en la entonces llamada *Discos Jesús*. Otro bombazo espectacular. Necesitaba más, mucha más gasolina y aunque el siguiente fue el regular *Done With Mirrors*, la providencia quiso que el éxito mundial de *Pump* impulsara al sello Columbia, un año más tarde en 1991, a publicar el indispensable *boxset* titulado *Pandoras Box*. Era un recopilatorio de la banda que también incluía *covers* y algunos temas en directo apabullantes. También me lo agencié en *Blanco y Negro*. Zambullirse en esos grandes éxitos de los *Toxic Twins* y devorar su folleto interior repleto de datos y fotos fue emocionante. Todavía conservo esa caja. Y claro, todo ello propició lo inevitable. Pasar por caja hasta completar la discografía anterior: *Aerosmith*, *Get Your Wings*, *Toys In The Attic*, *Rocks*, *Draw The Line*, etc. Antes, la música se compraba y no se almacenaba en ningún disco duro o en la palma de la mano vía *streaming*.

Dicen que la música con la que creces es la que deja huella para siempre. Quizá porque son vivencias y experiencias noveles cuando la piel de uno es todavía delicada y lo absorbes todo por cada poro. Con las decepciones y disgustos de estos tiempos modernos que nos ha tocado vivir, cuando van pasando los años, uno va mutando a piel de rinoceronte y ya es menos impresionable. Mentiría si dijera que hoy cuando pongo el nombre de Aerosmith en mi boca siento ese mismo cosquilleo o emoción. Ya no es así. Porque han pasado treinta años, y porque para un servidor esos tipos después del álbum *Nine Lives* ya no han publicado nada digno de elogio, pese a quien pese. Pero los amamos igual. Porque a la tumba nos llevaremos ese renacimiento que fue *Pump* o esas giras de presentación en España de los discos *Get A Grip* y el citado *Nine Lives* que fueron apabullantes a la par que emocionantes.

Eso sí, treinta años después *Pump* sigue siendo un disco brillante, perfecto, emocionante. De principio a fin. Ahí no falla absolutamente nada. Sigue siendo un álbum atemporal, se mire por donde se mire. Desde ese trepidante inicio con «Young Lust», pasando por la *slide* de «Monkey On My Back» o ese final con el baladón de «What It takes».

OH! Good Morning Mr. Tyler, ¿«going down»?

Jordi Sánchez

Historia de Aerosmith:
origen, muerte, resurrección y Armageddon

Los cinco

La historia de un grupo de personas se explica, la mayoría de veces, entendiendo la de los individuos que lo forman. Al final, los grupos no dejan de ser más que la suma de esas individualidades que se unen para un bien común. Los buenos grupos son aquellos que saben extraer de cada una de esas individualidades sus fortalezas para que estas, a su vez, hagan al grupo más poderoso. Y eso es lo que sucede en el caso de Aerosmith. Cierto es que a menudo se habla de estos hijos adoptivos de Boston como una organización de liderazgo bicéfalo en la que el resto de sus miembros ejercen de simples peones aleccionados para ganar una curiosa partida de ajedrez. Pero eso sería un análisis demasiado simplista de la situación. Que Steven Tyler y Joe Perry son dos talentos musicales innegables es algo que cae por su propio peso, pero de ahí a pensar que hubieran salido adelante de la misma manera a como lo hicieron sin la imprescindible aportación de Brad Whitford, Tom

Los primeros Aerosmith

Hamilton y Joey Kramer va un trecho. No es que fueran escuderos de lujo, sino que la historia ha acabado situándolos como auténticos coprotagonistas de ese dinosaurio que, de entrada, se llamaría así gracias al primero, obsesionado desde joven con el disco *Aerial Ballet* de Harry Nilsson, en cuya portada un artista de circo salta de un aeroplano. Aunque de eso hablaremos algo más adelante.

Joe Perry y Steven Tyler, The Toxic Twins.

Pero sí, empezaremos por uno de los *Toxic Twins* (gemelos tóxicos), nombre con el que se empezó a conocer a Tyler y Perry por su devoción por las sustancias poco saludables en los setenta, y que servía de contraposición al utilizado por Mick Jagger y Keith Richards para firmar sus producciones, *The Glimmer Twins* (los gemelos brillantes). Steven Victor Tallarico nació, probablemente, destinado a ser una estrella del rock, o al menos así lo ha declarado él mismo en numerosas ocasiones. Lo hizo el 26 de marzo de 1948 en el Polyclinic Hospital de Nueva York con unos impactantes y penetrantes ojos color castaño oscuro que contrastaban con unos golosos y gordos labios que con el tiempo iban a convertirse en una de sus señas de identidad físicas. Hijo de un pianista clásico, su abuelo, evidentemente de ascendencia italiana como su propio apellido pone de manifiesto, también era músico, por lo que el chico vivió en un ambiente musical prácticamente desde la cuna. Con apenas quince años, Steven aprovechaba un albergue que sus padres regentaban en New Hampshire para hacer sus pinitos en la música, tocando como batería de la orquesta de swing del lugar. Pero algo estaba a punto de pasar. Sí, es una historia que ya nos han contado una y mil veces: llegaron los Beatles y lo cambiaron todo. Ellos fueron la punta de lanza de la conocida como *British Invasion* (invasión británica) que hizo que la música de esta isla europea cubriera como una manta gigante cualquier rincón de los Estados Unidos. Y Steven Tallarico no fue ajeno a ello. Rápidamente desechó la idea de ganarse la vida como batería de swing o de jazz y en 1964 formó su primer grupo de pop, The Strangeurs. Allí le acompañaría el teclista Don Solomon, alguien a quien luego veremos en los créditos de algunas canciones incluidas en los discos de los, en ese momento, inexistentes Aerosmith. Tallarico no tarda en convertirse en el centro neurálgico de la banda. No solo era un buen batería, sino que además sabía cantar y, aún más importante, componer. En pocas semanas se había hecho con el control absoluto de The Strangeurs, a los que acabaría cambiando el nombre por Chain Reaction. Especializados en las versiones, como no podía ser de otra manera, en el repertorio del grupo se agolpaban temas de los Beatles o los Rolling Stones con alguna composición propia escrita, claro está, por Steven. Peter Stahl, Alan Strohmayer y Barry Shapiro eran los otros miembros del grupo, aunque el bacalao lo cortaban Tallarico y, en menor medida, Solomon. Sin saber muy bien cómo, probablemente gracias a la cabezonería de su líder, Chain Reaction lograron incluso grabar un par de singles que, por supuesto, pasaron por el mercado con más pena que gloria. Aunque Steven no lo veía del todo así. Una de sus grabaciones, «The Sun», para el sello Date Forecast, había sido producida por Arty Traum, hermano de Happy Traum, figura destacada del folk neoyorquino, algo que para él era toda una victoria. Y es que, obsesivo musical, Tallarico pasaba su tiempo entre ensayos con su banda y sus frecuentes visitas al Greenwich Village, lugar del que por ejemplo había salido el mismísimo Bob Dylan. Un barrio bohemio, cargado de locales de música en directo que permitían al muchacho dar rienda suelta a sus inquietudes artísticas, emborrachándose y charlando con otros músicos,

Un joven Steven Tyler.

pintores o escritores. Eso sí, a lo que nunca fallaría era a la cita semanal en una heladería de New Hampshire con todos los miembros de su banda para planificar el futuro. Y allí fregaba los platos de manera habitual un chaval que respondía al nombre de Joseph Perry, aunque todos le llamaban Joe.

Joe Perry, rock and roll actitud.

Nacido Anthony Joseph Perry (10 de septiembre de 1950), Joe también tuvo, como Steven, una infancia muy musical. Hijo de una familia sin problemas económicos, sus padres se empeñaron desde muy pequeño en que su hijo fuera músico, por lo que le pagaron clases de piano y clarinete. Pero a Joe lo que realmente le interesaba era la guitarra. Su tío, carpintero de profesión, había pasado unos meses intentando fabricar una guitarra acústica que acabó regalando a su sobrino. Este, para desesperación de sus progenitores pasaba las horas intentando emular a Chuck Berry, dejando de lado sus estudios más convencionales. De hecho, Perry dejó los estudios de manera muy temprana para acabar trabajando en una fábrica y como friegaplatos a tiempo parcial en *The Anchorage*. Fanático seguidor de Ike & Tina Turner y de los Beatles, el muchacho miraba con envidia poco disimulada a aquel grupo que se acercaba cada semana a la heladería en la que trabajaba. Liderados por un tipo de labios gordos, Perry soñaba con tener algún día un grupo similar, y no sabía lo cerca que estaba de conseguirlo. Aunque antes se cruzaría en su vida Thomas 'Tom' William Hamilton (31 de diciembre de 1951), un chaval alto de pelo rubio que no tardó mucho en confesarle que sabía tocar el bajo. Los ojos de Joe Perry estuvieron a punto de salirse de sus órbitas. Hijo de militares, Tom Hamilton había pasado su infancia cambiando constantemente de domicilio, de base en base militar, hasta que la familia consiguió asentarse en New Hampshire. Los chicos conectaron al momento. Tom era un beatlemaniaco empedernido desde el momento en que, como millones de estadounidenses, había visto a los *fab four* en el show de Ed Sullivan e incluso tenía un grupo llamado The Mosquitoes en honor a los de Liverpool (ya sabemos que su nombre deriva del inglés *beetle*, escarabajo). Su amistad empieza como la de tantos otros, quedando en casa de Tom para escuchar juntos los discos que les gustan y soñar con algún día poder hacer algo similar. De hecho, poco tardarán en montar su primera banda, Pipe Dream en 1966, para acabar cambiando su nombre a finales de la década por el de Jam Band. Su especialidad, versionar a grupos como Cream, Ten Years After y MC5. Sí, porque algo ha cambiado en ellos en ese tiempo. La psicodelia ha llegado y la beatlemanía ha bajado muchos enteros. Joe Perry lo recuerda perfectamente: «no estábamos mucho por la melodía. Nos dedicábamos a aporrear los instrumentos e improvisar sobre la marcha. A mí siempre me ha gustado sembrar confusión y tener una energía ilimitada, destrozar guitarras, volverme loco y tocar lo más alto y deprisa posible. Eso es lo que le gustó a Steven de mí cuando me conoció, porque él se dedicaba más a perfeccionar los arreglos y hacer que todo saliera bien. Supongo que de esa combinación nació Aerosmith». Sí, porque Perry seguía hablándole a Tom Hamilton de aquel tipo de prominentes morros que se acercaba con su banda por *The Anchorage*. Así que decidieron invitarlo a uno de los conciertos de su grupo. Sería en el *Sunapee Club*, rebautizado como *The Barn*, en el verano de 1970. En aquel momento, Steven formaba parte del grupo Fox Chase, pero no estaba a gusto con sus avances. Poco tarda en aceptar la invitación de aquellos dos aprendices del rock a ver su propuesta. Quizá de allí obtendría alguna idea. «Joe, Tom Hamilton y un tipo llamado Pudge Scott formaban el grupo Jam Band, y solían tocar en Sunapee y Boston» recuerda Steven en su autobiografía. «Fui a verlos actuar aquella noche en *The Barn*. Eran Joe, Tom al bajo, Pudge Scott a la batería y un tipo llamado John McGuire, el cantante solista. Todos totalmente desgreñados, con ese *look* chulesco de desenfreno bohemio, de los primeros conjuntos de rock británicos. Joe se veía un tío rarito, gafas de pasta unidas

Primeras imágenes de The Jam Band.

por cinta aislante y una guitarra muy desafinada». La cosa no parece impresionar mucho a Tallarico hasta que el grupo arranca con «The Rattlesnake Shake» de Fleetwood Mac. «Joe se adentra en el *break* de guitarra: BOOAH DANG BOOAH DUM ¡Joder! ¡Cuándo lo escuché tocando eso, ah, tío, mi polla se puso tan tiesa...! ¡Me arrancó la cabeza de cuajo! Escuché el sonido de los ángeles, vi la luz. Estaba viviendo aquel momento; el momento». El círculo acaba de cerrarse cuando el grupo toca el clásico del blues «Train Kept A-Rollin'» en la adaptación de The Yardbirds. «Mi oído estaba un poco más afinado que el de esos tíos, pero lo que estaba contemplando era rock and roll áspero, crudo, en bruto, el factor X, ese elemento salvaje que subyace en el rock desde Little Richard hasta Janis Joplin». Steven lo ve claro. Si él une su musicalidad a la manera de entender la música de aquellos chavales, la cosa podía funcionar. Podía funcionar muy bien. Rápidamente propone a Perry y Hamilton hacer algo juntos. Los chavales se miran. No pueden creerlo. Entonces no sabían que Steven era un Don Nadie aún. Para ellos era toda una estrella de rock, y que les propusiera formar una banda juntos, el no va más. Para empezar, Tallarico entra en el grupo simplemente para sustituir a Pudge Scott a la batería, pero rápidamente, igual que había sucedido en las bandas anteriores, toma las riendas del proyecto y propone buscar a otro batería y a un guitarrista rítmico que apoyara a Joe. Su apuesta es Ray Tabano, amigo suyo desde los once años que andaba tocando en un grupo llamado The Dantes. Eso sí, había un problema. El tipo trabajaba en Boston en una tienda propia de ropa y habría que trasladar al grupo allí. Steven lo vendió como una oportunidad. En Boston tendrían muchas más salidas que en New Hampshire, y así es como la banda llegaría a la ciudad que siempre se asociaría a su nombre. Esa es una de las tres grandes aportaciones que Tabano haría al grupo. Las otras dos serían su futuro logotipo y, sobre todo, Joey Kramer. Ray conocía a Joseph Michael Kramer (21 de junio de 1950) porque era un habitual de su tienda y, sobre todo, porque el hermano del guitarrista de The Dantes compartía otro grupo con el batería. Así que propuso su nombre para las audiciones de batería

Ray Tabano, guitarrista original.

que estaba llevando a cabo el grupo.

Joey Kramer era otro tipo, como Joe Perry, con problemas para los estudios. Había cambiado de escuela en múltiples ocasiones, con sus padres buscando la forma de que al menos acabara su etapa en el instituto. Era un miembro habitual de la escena de chavales «flipados» por el rock de New Hampshire y así había conocido a Steven Tallarico, compañero también de clase, al que incluso había incluso llegado a pedir prestada su batería en 1965 cuando sus padres se negaban a comprarle una. Rápidamente se mete los discos de Cream o Jimi Hendrix en vena, mostrando un inusitado interés por todas aquellas bandas que desde el blues más primigenio acaban llegando al rock. Era un músico profesional. A pesar de su juventud había estudiado instrumento y había analizado las técnicas de sus baterías favoritos, gente como Mitch Mitchell, Ginger Baker o Buddy Miles. Su amor por la música negra, especialmente, era notorio, y eso le había llevado incluso a estar en grupos integrados únicamente por afroamericanos. Él tendrá mucho que ver en la querencia por el funk y lo «negroide» de los futuros Aerosmith. Pero cuando Ray Tabano le propone unirse a su nuevo grupo comete un error que está a punto de hacer que la historia se escriba de forma diferente a como se escribió. El guitarrista le dice a Kramer que se integre en el nuevo grupo de Joe Perry y Tom Hamilton. Joey había visto alguna actuación de Pipe Dream y la cosa le había parecido directamente un horror, por lo que en un primer momento rechaza la oferta. Solo cuando Tabano le menciona de pasada que de la voz se iba a encargar Steven Tallarico, la cosa cambia, y de qué manera. Joey Kramer admiraba profundamente a Steven y acepta la oferta esperando que el tipo sea capaz de sacar algo positivo de aquellos pipiolos, todavía aprendices de músicos. Así que, como muchos de los grupos que admiraban, deciden irse a vivir juntos e instalan su cuartel general en un desvencijado apartamento de tres habitaciones situado en el 1325 de Commonwealth Avenue, en Boston, por supuesto.

Y a la batería... Joey Kramer.

El señor Smith empieza a volar

A pesar de haber hablado en numerosas ocasiones sobre el origen del nombre del grupo, la cosa no parece estar clara del todo. Después de descartar nombres como The Hookers o Spike Jones, se decidieron por Aerosmith, aunque no queda del todo claro cómo, a pesar de las muchas pistas de las que disponemos. Que el nombre proviene del ingenio de Joey Kramer es algo que parece confirmado. El cómo es el problema. Por un lado el mismo batería ha declarado que en el instituto se entretenía escribiendo la palabra *arrowsmith* en sus libros de texto. Parece descartarse que lo hiciera influido por la novela de Sinclair Lewis o por la película de John Ford, ambas de mismo título. Él tampoco nos ha sacado de dudas. Al parecer, al llevar el nombre al resto del grupo, juntos acabarán mutándolo por el definitivo de Aerosmith. Otras teorías, alentadas también por el propio Kramer y probablemente más veraces, aseguran que el nombre se le ocurrió pensando en la portada de un disco que le obsesionaba, *Aerial Ballet* de Harry Nilsson. La imagen mostraba a un artista circense tirándose de un avión. Kramer imaginaba que el tipo se llamaba Smith y que podía volar. De ahí lo de Aerosmith.

Portada del disco Aerial Ballet de Harry Nilsson.

El caso es que en otoño de 1970, concretamente el 6 de noviembre, el grupo va a debutar con ese nombre en el gimnasio instituto regional de Nipmuc. Las malas lenguas cuentan que aquella sería, además, la primera de las muchas veces en que se vería discutir en público a Tallarico y Perry. El tema de fondo, el volumen al que tocaba el guitarrista. El grupo había conseguido el concierto gracias a que la madre de Joe Perry, que trabajaba en una escuela cercana, conocía a alguien de aquel instituto y les propuso el nombre de la banda de su hijo. Mostrando lo que sería el futuro de problemas permanentes, el grupo ya se metió en líos en su primer concierto. No solo metieron alcohol en el instituto, algo totalmente prohibido, sino que Steven robó una camisa de una de las taquillas de los estudiantes para salir con ella al escenario. Un perla.

Gracias al trabajo del padre de Hamilton, Aerosmith se especializa en tocar básicamente en clubes de oficiales de la Marina donde, evidentemente, ni obtienen ninguna repercusión ni ninguna muestra favorable hacia su música. El siguiente paso fueron las estaciones de esquí, donde tocaban en los hoteles para la gente que se encontraba de vacaciones. Aunque su gran oportunidad se presentaría cuando Steve Paul, mánager de The Winter Brothers, les permitió hacer una audición para ejercer de teloneros de Edgar Winter y Humble Pie en la *Academy of Music* de Nueva York. Por supuesto, consiguieron el empleo, y aunque su actuación no es especialmente recordada sí que les permitió empezar a labrarse una pequeña cantidad de seguidores locales. Lo que probablemente no esperaban es que su formación original se tambaleara tan pronto como lo hizo. Ray Tabano decidió vender su tienda y largarse a México, donde permanecería seis meses. Al volver se unió a un grupo de Boston llamado Justin Tymer en el que tocaba la guitarra un tal Brad Whitford.

Brad Whitford, a las seis cuerdas desde 1971.

En Winchester, Massachusetts, había nacido un 23 de febrero de 1952 Brad Ernest Whitford, un tipo tímido que tocaría la trompeta en la banda del instituto y que también acabó sucumbiendo a la Beatlemanía (solo Joey Kramer pareció en su momento no tener a los Beatles como referentes entre los miembros finales de Aerosmith). Como Joey, Whitford era un músico con estudios. Se había matriculado en la *Berkeley School of Music* de Boston, estudiando teoría de la música y composición, y acumulaba experiencia en bandas como The Teapot Dome, Earth Incorporated o los citados Justin Tyme, con los que llegaría a telonear a Aerosmith. Estos, ante las dudas de Tabano, que con el tiempo acabaría formando parte de la maquinaria de Aerosmith como tour mánager y otra decena de funciones, ofrecieron el puesto a Whitford, que aceptó al instante. Una decisión arriesgada, porque Whitford venía de ocupar un puesto como guitarra solista, y aquí ese puesto estaba ocupado por Joe Perry, mosqueado en un primer momento con la amenaza que suponía su llegada. Con el tiempo se comprobó que aquello fue más que bien. El hecho de contar con dos guitarras solistas daba a Aerosmith unas posibilidades infinitas que sabrían aprovechar para convertir aquel hecho en uno de sus grandes diferenciales.

Con la llegada de Brad Whitford todo parecía ir sobre la marcha, aunque los cinco miembros de Aerosmith eran conscientes de que tenían un problema, y muy importante. El circuito de garitos, ayuntamientos e institutos de la zona ya se lo habían pateado de cabo a rabo y no eran capaces de dar un salto importante en cuanto a la consecución de otros lugares en los que tocar. La aparición en sus vidas de Frank Connelly iba a ser fundamental para desatascar su incipiente carrera. Avisado por su amigo John O'Toole, Connelly llegó a Aerosmith con los que rápidamente firmó un contrato de representación. La cosa tiene su miga. O'Toole era el gerente del teatro *Fenway*, y como el grupo no tenía dónde ensayar, les ofreció el propio escenario del lugar cuando no había representación prevista. Así que Aerosmith fue un grupo que prácticamente se creó en un escenario. Eso, por supuesto, es lo que permitió al tipo invitar a su amigo Connelly a ver a la banda. El grupo, rápidamente sucumbió a los encantos de aquel mánager que, como todos en su oficio, tenía algo de charlatán. Además, él era el culpable de haber llevado a Jimi Hendrix a actuar a Boston, con lo que los que los tenía ganados de antemano. Rápidamente, dada su actitud patriarcal con ellos, empezaron a llamarle «padre», aunque eso no ha de llevarnos a pensar que Frank Connelly era un blandengue con la banda. Lo primero que hizo fue obligarles a permanecer encerrados en unas habitaciones del hotel Manchester Sheraton para que compusieran e hicieran unas maquetas, y así tener material propio que enseñar a las discográficas. Lo segundo, y casi igual de importante o más, proponer a David Krebs y Steve Leber como mánagers ejecutivos, creando una asociación a efectos de gestionarlo y guardándose, por supuesto, una parte de futuros réditos si la cosa iba bien. Y, como sabemos, así sería.

Leber y Krebs eran unos «currantes» del rock and roll. Sus tarifas no eran baratas pero, desde luego, se ganaban cada uno de los céntimos que incluían en sus facturas. Por algo acabarían encargándose de la carrera de nombres tan potentes como AC/DC y Scorpions. Tenían contactos, y sabían usarlos. Al poco de trabajar juntos, a inicios de 1972, ya habían conseguido que un montón de ejecutivos escucharan las maquetas de Aerosmith, e incluso tenían una fecha reservada en el *Max's Kansas City* de Nueva York, donde habían quedado con Clive Davis, presidente de Columbia Records para que conociera la banda. La frase de este al acabar el concierto y entrar en el camerino es una de las que ha pasado a la historia y que aparece en todas las biografías que se precien del grupo: «sí, creo que podemos hacer algo con vosotros». La cosa no era para lanzar cohetes, pero el acuerdo propuesto era más que aceptable para una banda novel, 125.000 dólares a razón de dos álbumes por año. El tema, eso sí, escondía un pequeño detalle que en el futuro iba a convertirse en graves problemas para los chicos. Y es que el contrato con Columbia no lo firmaron ellos, sino Leber & Krebs, y estos a su vez firmaron uno con Aerosmith. Por lo tanto, el dúo de mánagers empresarios tenía la sartén por el mango, aunque entonces poco importara a Steven, Joe, y el resto.

No es extraño que el grupo entrara en el estudio en un estado de euforia incontenida. De hecho lo raro hubiera sido que no lo hicieran. Como toda banda novel, su paso por las peceras de los estudios de grabación para registrar sus primeros discos son momentos de difícil gestión. Las expectativas se desbordan y las ganas superan, en muchas ocasiones, al material grabado. «Esa era nuestra música» afirmaría Brad Whitford. «El efecto del grupo queda reflejado en ese álbum (...). Entrábamos en el estudio y nos decían "vamos, tocad vuestra música". Todo lo que buscábamos era algo emocionante y eso fue lo que conseguimos». Los elegidos para inmortalizar el debut discográfico de Aerosmith fueron Caryl Weinstock y Adrian Barber. Antes de entrar en el estudio, eso sí, Steven decidió cambiar su apellido real, Tallarico, por el de Tyler, en un movimiento habitual en su familia en la que eso ya se había hecho en otras ocasiones. El tipo estaba seguro de que iba a convertirse en una estrella del rock, y consideraba que su apellido sería muy difícil de recordar para los fans. Un figura.

Momentos antes del primer concierto de Aerosmith.

Dos semanas fue lo que tardó Aerosmith en registrar su disco de debut, titulado simplemente como la banda, en los Intermedia Studios de Boston. Tras una portada ciertamente horrorosa, con los miembros del grupo recortados encima de unas nubes y el nombre en una tipografía cuanto menos discutible, encontramos las ocho canciones que les sirven de presentación en todo el mundo. Temas como «One Way Street», su propia versión del «Walking The Dog» de Rufus Thomas (por cierto rebautizada como «Walkin'The Dig» en los primeros prensajes del disco, cosa que llevó a tener que corregirlo) y, sobre todo, «Dream On», un gran éxito aunque no en ese momento. El 5 de enero de 1973, las tiendas mostraban en sus apartados de música el disco de aquellos cinco tipos engalanados de manera extraña y con pinta de malotes. Curiosamente, hasta 1974, el álbum no se editaría en Reino Unido, a la postre uno de los mercados que mejor recepcionaría los discos de la banda. Con el ya renombrado Tyler como principal compositor, Aerosmith se presenta con un trabajo que, sin ser ninguna obra maestra, sí es resultón y fiable. De hecho, la crítica los recibe bien, aunque rápidamente, como en toda buena banda que se precie, se crean dos bandos. Por un lado, está el grupo de la prensa que rápidamente se rinde a su sonido, y que está encabezado por la prestigiosa revista *Creem*. «Tienen estilo por un tubo, pero nunca se alejan de aquellos oscuros orígenes que son al rock lo que las faldas de vuelo y los lunares falsos a la cosmología callejera de la década de los cincuenta. Claro que se perciben influencias ajenas, algunas muy evidentes, pero todos mamamos de alguna teta ¡y vaya tetas persiguen a estos delincuentes morrudos! Para empezar, se aprendieron algunos acordes propios de la época de Rory Gallagher ¿qué más queréis?». Espectacular, si no fuera poque en el lado opuesto estaba una revista tan esencial como *Rolling Stone*, que no dudó en calificarlos de «basura». De hecho, la publicación sería un martillo pilón para la carrera de Tyler y compañía, y durante varios lustros esa animadversión no solo permanecería allí, sino que se haría más evidente. Ellos, sin ir más lejos, fueron los primeros en tildar a Aerosmith de copia barata de los Rolling Stones, un mantra que arrastrarían para siempre. A ello se le juntaba el hecho de que Leber y Krebs habían decidido repartirse los grupos que llevaban. El primero había optado por centrarse en los New York Dolls. Mucho más experimentado que su socio, dominaba a la prensa, y consiguió que el grupo de David Johansen siempre fuera bien tratado, casi sin excepción. Krebs, en cambio, se centró en Aerosmith. Pero no tenía esa mano derecha con los periodistas, y su especialidad era el conseguir buenas condiciones en los conciertos, cosa que el grupo notó, tanto en lo positivo como en lo negativo.

En Boston, eso sí, los medios locales fueron unánimes con el grupo. La ciudad estaba necesitada de un referente musical, y Aerosmith fueron un soplo de aire fresco. Por eso, el disco llegó a ser el más vendido en un radio de cincuenta millas alrededor de la ciudad. Sus directos, además, eran impactantes. No solo porque Krebs les conseguía buenas fechas en el *Electric Ballroom* de Atlanta o en el *Monica's Civic* de California, donde llegaron a tocar para más de dos mil personas, sino porque todo el que los veía en directo se enamoraba de su propuesta. Steven Tyler era un auténtico animal escénico, y Joe Perry no le iba a la zaga. Aunque todo se centraba, al menos al principio, en el cantante. Tyler dominaba el escenario. Aullaba, se retorcía, saltaba, gritaba, corría. Pero, sobre todo, cantaba como pocos. Muy pronto, además, llegó a la conclusión que, para ser recordado, un cantante necesitaba algo diferencial en cuanto a imagen, y por eso decidió colocar un pañuelo vaporoso colgado de su pie de micrófono, en una imagen que se haría indisoluble de la suya propia. Poco a poco, esta fue haciéndose más glam y hippie a la vez. Sus atuendos eran luminosos, coloridos, y llenos de capas. En paralelo, además, los escándalos que también iban a ser asociados al nombre de Aerosmith durante toda su carrera iban a empezar a tomar protagonismo. La gira fue un drama para David Krebs, como lo hubiera sido para cualquier mánager. Daba igual si lo que hacían era escaparse del hotel para acabar volviendo borrachos como cubas solo veinte minutos antes de un concierto, o si montaban en su habitación una competición con Mott The Hoople para ver quien metía más cosas dentro de una pantalla de televisión destrozada. Además, las drogas habían hecho acto de presencia, no ya de manera circunstancial, como al principio, sino de forma permanente, hecho que llevó a Tyler y Perry a empezar a ser llamados al poco tiempo *The Toxic Twins* («los gemelos tóxicos»). Parecían estar chiflados, y Krebs empezó a plantearse si más que un mánager lo que necesitaba el grupo era una niñera. Pero, curiosamente, ese fue parte de su encanto. Las historias que se contaban sobre ellos -algunas ciertas, otras exageradas, y otras directamente mentira– fueron un elemento que ayudó a que

Steven Tyler en 1974, una voz irrepetible.

la juventud se identificara aún más con sus canciones. Todos querían ser esos chicos malotes que eran los Aerosmith, que además se llevaban a las chicas de calle, y para colmo tocaban bien. Así empezaron a forjarse su base de fans. Primero, en la costa este, claro, para pasar luego a la oeste. Fue un trabajo de hormiguitas. Hecho concierto a concierto pero, a la postre, satisfactorio. Por eso la compañía empezó a presionarles para que grabaran nuevas canciones con el objetivo de publicar un segundo álbum. La experiencia de los mandamases de Columbia les decía que cuando tenían un as en la manga, había que ponerlo cuanto antes sobre el tapete. No sabían cuánto duraría aquella sobrevenida fama al grupo, y había que aprovecharla. Tampoco es que fueran las estrellas más grandes del momento, pero esa facción de fans que hemos citado aseguraba una buena cantidad de ventas para el segundo álbum, y más valía tener el pájaro en mano. Así que, en otoño de 1973, Aerosmith entran en los Record Plant Studios de Nueva York para grabar su segundo disco, *Get Your Wings*.

Los gemelos tóxicos

Para el disco, Bob Ezrin (Alice Cooper, Lou Reed) ejerce de productor ejecutivo y, sobre todo, Jack Douglas (The Who, John Lennon) como productor real junto a Ray Colcord. Douglas se convertiría en una figura esencial para entender el despegue de Aerosmith, siendo considerado a menudo por los cinco músicos como un miembro más de la banda. La obsesión de este, además, coincidía con la de Tyler y Perry, erigidos ya como líderes de Aerosmith: querían capturar en estudio lo que el grupo hacía en directo, y eso fue lo que intentaron en *Get Your Wings*, consiguiéndolo solo a medias. El disco, eso sí, tampoco funcionó mal, igual que había sucedido con su debut. De hecho, había ayudado a intensificar la batalla entre seguidores y detractores de su música y eso, en este caso, estaba bien. Se acostumbraron a actuar en arenas, recintos que van de las 1500 a las 3500 personas, y en estos solían colgar el cartel de «no hay entradas» con bastante frecuencia. Además, Krebs les conseguía telonear en grandes recintos a algunas de las bandas que adoraban, como Deep Purple y Black Sabbath, por lo que todo parecía ir en la dirección correcta. Algo que se confirmaría con la publicación de sus dos siguientes discos, sin duda entre lo mejor de la década: *Toys In The Attic* (1975) y *Rocks* (1976). En paralelo, eso sí, la banda empezaba a tener muchos problemas, en buena medida provocados por su desmesurado consumo de drogas y alcohol.

En 1973, Aerosmith ya había manifestado en privado sus dudas sobre la conveniencia de girar por Inglaterra como teloneros de Mott The Hoople. Y no es que no quisieran ejercer de grupo de apertura de otro, o que no confiaran en el impacto de su música. Lo que les sucedía es que no sabían cómo pasar por la aduana sus drogas, y eso estuvo a punto de echar al traste las expectativas de gira. Lo bueno es que, al menos en aquel momento, en público todavía no se evidenciaba esa adicción irrefrenable que todos tenían, y que de manera más evidente afectaba a Tyler y Perry. Por eso a nadie les extrañó que hicieran un disco tan bueno como *Toys In The Attic*, con perspectiva una de las obras cumbre de su carrera. Solo la eterna *Rolling Stone* pareció no sucumbir a canciones como «Walk This Way», «Sweet Emotion» o la titular «Toys In The Attic». Como escribiría varias décadas después Emilio de Gorgot en *Jot Down*, «el álbum que lo cambió todo. El tercer LP de la banda es su primera obra maestra. Aunque los dos trabajos anteriores hubiesen sido más que correctos, quedaron repentinamente empequeñecidos en comparación con esta maravilla. De repente, todo encaja. Jack Douglas había ayudado a que encontrasen por fin su sonido, pero Joe Perry y Brad Whitford finalmente han desarrollado un lenguaje propio para sus arreglos de guitarra y Steven Tyler se puso a cantar con toda la expresividad de la que era capaz: pero sobre todo, el factor decisivo es que la inspiración compositora llega como un torrente y prácticamente cada canción vale por sí sola el precio del disco, algo que sucede en muy, muy pocos álbumes».

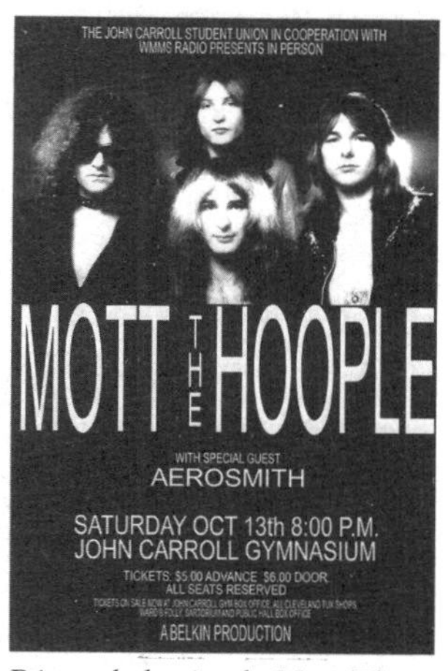

Póster de la gira de Mott The Hoople en 1973, con Aerosmith de teloneros.

Se puede decir de otra manera, pero no mejor ni de forma más clara. Además, el éxito de *Toys* hizo que se recuperara como single «Dream On», una canción de su debut que, entonces sí,

Single original de «Dream On».

alcanzaría el éxito que su calidad merecía. Eso sí, el trasfondo era otro. Drogas, mujeres, alcohol. El desenfreno estaba al orden del día en Aerosmith, tal y como recuerda Tyler en su autobiografía, «aquellos eran los tiempos en los que el SIDA no había llegado todavía al mundo. No te morías por echar un polvo. Era otra época ¡Y la cocaína! Los médicos afirmaban que no era adictiva». Vale la pena detenerse en ese punto del libro titulado *¿Acaso molesta el ruido que retumba en mi sesera?* para ver cómo describe Tyler cualquier tipo de droga. No en vano llevaba tomándolas desde los dieciséis años. Speed: «tu cerebro notaba que lo habías tomado y te ponías a cien». Ácido: «podías tomarlo y volverte a dormir». Hachís rojo libanés: «buenísimo, pero era difícil de conseguir». Bolas de templo nepalés: «tenían un gusto tan picante, dulce, resinoso, pegajoso. Es un colocón que induce a soñar». Y así podríamos seguir... César Martín describía la situación del grupo así en su sección *No Me Judas Satanás* de la revista *Popular 1*: «A mediados de los setenta los gemelos tóxicos estaban jodidos y querían que la gente que los rodease estuviesen tan jodidos como ellos. Tenían más éxito que ninguna otra banda americana, pero las drogas y los excesos típicos del rock and roll les impedían ver la luz del día. Empezaron a tomar drogas antes de formar la banda con el único objetivo de emular a sus ídolos: los Stones, los Cream, Jimi Hendrix..., y sin apenas darse cuenta se tiraron de cabeza al agujero negro en el que terminaron Janis, Morrison y todos los demás. Sus malos hábitos se convirtieron en un problema a raíz del éxito de *Toys In The Attic*». Ahí es donde las cosas se les van de las manos. Y con el éxito de *Rocks*, su siguiente trabajo, el tema alcanza tintes caricaturescos. Durante la gira del disco, que se inicia el 17 de abril de 1976, el grupo viaja con un ordenador portátil (que entonces no eran tan portátiles) para poder tener una lista de los camellos y las *groupies* de cada ciudad por la que pasan. Además, Steven Tyler protagonizará una de las anécdotas por las que siempre será recordado. Y es que, como reconocerá años más tarde, su nivel de dependencia era tan exagerado que introduce en los fulares que ata a su soporte de micrófono las pastillas en un dobladillo, porque siente la necesidad de tocarlas mientras está actuando. Para colmo, en aquella época, Joe Perry empieza a chutarse

Autobiografía de Steven Tyler.

heroína. No es una sustancia nueva para el grupo. Tyler ya la combinaba con cocaína, tuinol, seconal, ácidos, hierba y cualquier cosa que pudiera modificar su percepción de la realidad. Pero Perry aún no había caído en las redes del caballo. Eso llevaría al deterioro absoluto de su relación con Tyler. Porque si ya era difícil aguantar a un heroinómano en la banda, a dos era casi imposible. Lo curioso es que, en paralelo, las cosas iban muy bien. Incluso *Rolling Stone* había tenido que ceder y les había dedicado la portada en su número de agosto de 1976 con una imagen de un evidentemente drogado Steven Tyler semi desnudo. Eso sí, el artículo interior no era amable, ni mucho menos. Pero el hecho de que la todopoderosa firma hincara su rodilla y colocara al grupo en su cabecera era todo un triunfo que, por supuesto, iba a tomar rehenes. Porque *Rolling Stone* se guardó la guadaña para el momento en que las cosas no fueran tan bien a Aerosmith, y estos bajaran la guardia. Algo que estaba a punto de pasar.

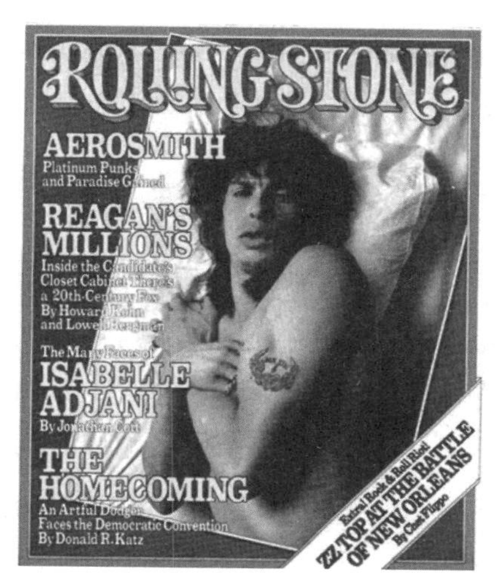

Tyler, portada de *Rolling Stone*.

En 1977 el grupo gira por Japón por primera vez, y demuestra el estatus de estrellitas consentidas que han adquirido cuando una receta de pato no está tal y como ellos la habían pedido, destrozando el camerino por ese motivo. Antes, Aerosmith habían pasado por Reino Unido en una gira en la que debutaban como cabezas de cartel allí, y cuyo eslogan rezaba: «¡Eh, británicos, despertad! ¡Este es el grupo de rock más genial de América!». Una frase que parecía despreciar al público británico y que, por supuesto, puso a este de espaldas. Además, rumores como que Steven había destrozado el camerino del Hammersmith tras una pelea con su novia de entonces Bebe Buell tampoco ayudaban demasiado a su reputación, en un país que se enorgullece de su cuidado de los buenos modales. El publicista del tour Richard Ogde, que hizo varias fechas de la gira

Steven junto a su novia del momento, Bebe Buell.

junto al periodista Chris Welch, y por tanto tuvo acceso a camerinos recuerda que «Steven no era una persona agradable, aunque entonces yo no sabía que estos altibajos en su estado de ánimo se debían a su adicción a drogas duras. Los otros miembros del grupo no eran así para nada; Tom Hamilton era encantador, un auténtico caballero; y Brad y Joey eran también bastante majos. Pero Tyler y Perry iban mucho de "grandes estrellas", era la primera vez que veía algo así. Es decir, Ted Nugent era la antítesis de esa actitud, simpático y accesible, pero Aerosmith eran insoportables. Mosqueaban a todo el mundo y, de los grupos que llevaba Heavy Publicity, Aerosmith eran los que peor me caían». La gira no fue bien. El grupo perdió una cantidad incalculable debido a sus muchos excesos, entre los que se encontraban el alquilar un Airbus de cuarenta y cinco plazas para moverse por la isla al precio de 18.000 euros al día. Pero cuando volvieron, el éxito en las listas norteamericanas de algunas de sus canciones, en especial de una «Walk This Way» reeditada en single, les hizo no ser capaces de ver la realidad. Eso, o probablemente todas las sustancias que se juntaban en sus cuerpos.

David Krebs tuvo una idea. Dado que el grupo iba bien, al menos en lo musical ¿por qué no aislarlos y alejarlos de sus perdiciones para la grabación de su nuevo disco? Al grupo no le pareció mal porque así emularían a sus adorados Rolling Stones en la grabación de *Exile On Main Street* pero, por supuesto, no iban a contentarse con alquilar un simple estudio fuera de la ciudad. Buscaron ¡un convento de 300 habitaciones en Armonk, a las afueras de Nueva York! El tema es que había que adecentar el lugar y convertirlo en un estudio de grabación, cosa que provocó que el presupuesto para el álbum se disparara hasta el millón de dólares. Y, además, el objetivo del voluntarioso mánager no se iba a cumplir, porque especialmente Tyler y Perry se encargaron de que el lugar estuviera previamente lleno de pastillas y papelinas en los escondites más rocambolescos. El cantante contrató incluso a un tipo que se encargó, semanas antes de la grabación, de colocar estratégicamente las drogas y hacerle un mapa para que luego pudiera encontrarlas con facilidad. Después, al llegar al lugar, Steven decidió recluirse en una habitación situada en uno de los torreones del convento, armado con una escopeta que utilizaba para matar animales desde la ventana, y de la que solo salía para grabar (en pocas ocasiones) y, sobre todo, ataviado con su mapa, intentar encontrar un tesoro que solo él conocía. Pero Perry no le iba a la zaga. El guitarrista se había pasado varios días antes de la fecha de inicio de la grabación preparando unas maquetas con canciones para el disco, pero al llegar a Armonk no fue capaz de encontrar la cinta y, lo que es peor, no recordó ni una de las canciones. «Sabía muy bien dónde había puesto las drogas, pero ¿y la cinta? ¿Dónde la había puesto?». Fue el principio de la caída. Las tensiones aumentaron, básicamente porque Tyler no se dignaba a bajar de la torre cuando se le requería y, en ocasiones, sus compañeros pasaban varios días sin verle y con la duda de si alguna vez pondría voz a las canciones que tenían que grabar. Hicieron breves escapadas, como la que les llevó hasta Inglaterra, donde por sorpresa realizaron un estupendo concierto en el Festival de Reading, pero la convivencia los acabó de matar.

Haciendo leña del árbol caído

El disco resultante de la estancia en Armonk, *Draw The Line*, no es un mal disco, aunque no hay duda de que no está a la altura de sus predecesores. Y eso es un caramelito demasiado dulce como para que sus enemigos lo dejen escapar. Algunos se lanzan a degüello con críticas innegablemente exageradas. Y ellos tampoco pusieron nada de su parte para solucionarlo. La gira diseñada para presentar el disco, aparecido en diciembre de 1977, es la más grande que nunca se había planificado para Aerosmith, y en marzo del año siguiente, por ejemplo, dentro del festival que incluía en su cartel a Heart, Jean Michael Jarre, Ted Nugent y Santana, tocan en Ontario (California) ante 350.000 personas. Entre ellos, eso sí, las cosas van peor que nunca. Sus dos miembros principales, Tyler y Perry, ni se hablan y utilizan a intermediarios para transmitirse mensajes. Los efectos de la grabación en Armonk son devastadores, y se ponen de manifiesto en esta serie de conciertos más que nunca. Una anécdota, también contada por César Martín en *Popular 1* explica perfectamente la situación que vivían. «Las escenas más dramáticas entre Joe y Steven se produjeron durante este tour. Joe a veces parecía el chulo de Steven. Salían a escena y el guitarrista se quedaba con la droga de Steven y le torturaba enseñándosela y no permitiendo que la tocase; entonces Steven esperaba a que Joe hiciese su solo y cuando menos se lo esperaba le pegaba un golpe

Steven Tyler con un impactante "modelito" en 1978.

en la espalda. En una ocasión las cosas llegaron tan lejos que Joe golpeó a Steven con su guitarra en la cara, cortándole los labios con las cuerdas, y éste a su vez escupió la sangre sobre el guitarrista; bonita pareja, ¿eh? El estado del grupo a finales de los setenta era tan desastroso que, según cuentan, repetían en un mismo concierto un tema varias veces porque se olvidaban de que ya lo habían tocado». Eso muestra que el grupo había perdido, además, su mejor virtud: su poderoso e insuperable directo. «Llegó un momento en que mientras tocásemos nuestros clásicos no pasaba nada si actuábamos de pena» reconocería años después Perry y, aunque en parte era cierto, la situación era demasiado insostenible como para permanecer así mucho tiempo.

Marcándose «Come Together» de sus admirados Beatles.

En medio de todo ese caos, y como muestra de la situación de descontrol (también musical) en el que se encontraba Aerosmith, el grupo acepta participar en una infame película titulada *Sgt. Pepper's Lonely Hearts Club Band* y basada, por supuesto, en el disco de sus admirados Beatles. En ella compartían créditos con los Bee Gees y Peter Frampton, parapetados en la banda de malvados Future Villain Band, e interpretando, eso sí, una magnífica versión del «Come Together». Aquello era lo mejor de la película en la que Tyler ¡era asesinado por Frampton! Además de la citada versión de los fab four, Aerosmith aportó a la banda sonora de la película «Draw The Line», «Same Old Song And Dance» y una inédita «Chip Away The

Joe Perry y Elissa, antes del terremoto.

Stone». Para colmo, las mujeres de Tyler y Perry, Cyrinda y Elissa, entraron en una guerra interna por el control entre bambalinas que era la gota que colmaba el vaso en las inexistentes relaciones entre sus maridos. Pero la compañía iba por otro lado. Aerosmith seguía teniendo un tirón importante a nivel de público, y había que seguir exprimiéndolo. Así que el 27 de octubre de 1978 ve la luz *Live! Bootleg*, un disco con dos objetivos claros. Por un lado el evidente, mantener al grupo en el candelero discográfico. Y por otro, hacer frente a toda la cantidad de discos piratas (bootlegs) que aparecían del grupo en directo, y de ahí su nombre. El disco incluía grabaciones de la banda capturadas en vivo entre 1973 y 1978, y lo cierto es que la cosa funcionó. Para ello, los ejecutivos de Columbia, Jack Douglas, Leber y Krebs seleccionaron con mimo las versiones de las canciones que debían aparecer y, además, decidieron incluir hasta cuatro grabaciones inéditas: un ensayo de «Come Together» en vivo, la inédita e incluida en la BSO de *Sgt. Pepper's* «Chip Away The Stone», y dos versiones, una del «Ain't Got You» de Calvin Carter vía Yardbirds y otra del «Mother Popcorn» de James Brown. La cosa funcionó más que bien. El resultado fue bueno y las críticas notables, excepto, y como ya solía ser habitual, en el caso de *Rolling Stone*. El problema es que el grupo ya era más famoso por sus excesos que por su música. Todos reunían una lista de «logros» apabullante, pero Tyler y Perry se llevaban la palma. En pocos meses el cantante había empotrado su coche contra un árbol totalmente drogado, se había roto un pie en un salto en el escenario y no se había dado cuenta a causa de las drogas, había vomitado encima de gente del público, se caía en medio de las actuaciones, paraba las canciones para contar chistes e incluso era cargado por un *roadie* al final de los shows para poder llegar al camerino. Y Perry no era menos. Llegó a atizar a su cantante con su guitarra en plena actuación, a impedir que un avión despegara por su lamentable y peligroso estado e incluso a ser encontrado en un portal con una aguja de codeína colgando del brazo. Por eso, *Live! Bootleg* no recibió la atención que merecía y fue visto como un auténtico testamento de un grupo totalmente muerto en el que nadie, absolutamente nadie, creía. La resurrección era imposible, y ni siquiera Aerosmith iba a poder superar aquella situación. O sí.

Una travesía sin Joe

En la los libros sagrados del cristianismo se explica cómo después de ser expulsados de Egipto, los israelitas vagaron durante cuarenta años sin rumbo por el desierto del Sinaí. Desde entonces a esos períodos de tiempo en que un individuo o un grupo sufren una época de recesión y de caminar sin aparente rumbo se le denomina «travesía del desierto». Y Aerosmith iban a hacer la suya, además, sin uno de sus miembros más destacados, Joe Perry.

Ye hemos visto que la situación era insostenible. Lo que probablemente nadie esperaba es que fuera su propia compañía de discos la que facilitara la salida del guitarrista del grupo en un movimiento que, probablemente, no supieron prever. Expliquémonos. Para sacar los réditos necesarios a un disco como *Live! Bootleg*, se planea una gira bastante intensa de conciertos para una banda que no está en el mejor momento para afrontarlos. Las tensiones internas son insostenibles. En Cleveland, incluso, acaban a tortazo limpio en los camerinos, sus mujeres se hacen bromas de mal gusto entre ellas o se tiran vasos llenos en las discusiones, y las adicciones no les dejan ver las consecuencias de sus actos. Desde Columbia piensan que ya saldrán de esta y preparan la dichosa gira, pero se equivocan y calculan mal sus movimientos. Habría que ver la cara de sus directivos cuando previamente a esa gira les llega un servicio de habitaciones de un hotel de Joe Perry por valor de 80.000 dólares. Rápidamente se reúnen con él ¡y le proponen grabar un disco en solitario para hacer frente a la maldita facturita! La rampa de salida para Joe de Aerosmith estaba preparada. La idea era que el anticipo por grabar ese álbum saldara la deuda, y así se crea The Joe Perry Project. Pero no era la relación con Joe y Steven el único problema de Aerosmith. En ese momento Steven es un auténtico despojo, incapaz en muchas ocasiones de mantenerse de pie en un escenario, a lo que colabora su creciente amistad con Richie Supa, otro heroinómano incorregible. Tom Hamilton le daba a la cocaína sin parar, y Whitford y Kramer habían optado por el *bebercio* de manera desmesurada. No había control. Era imposible. Y muchos fueron los que empezaron a augurar un final de la banda y, lo que es peor, de manera trágica probablemente. «Las drogas vencieron -diría Tyler-, nos separamos por culpa de un vaso de leche.» El cantante hace referencia precisamente al concierto de Cleveland, en el que Elissa Perry derrama un vaso de leche encima de la mujer de Tom Hamilton, con la reacción en cadena que eso conlleva.

Pero, mientras Perry prepara su proyecto en solitario, y casi por sorpresa para todos, el grupo se mete de nuevo en estudio para grabar su nuevo trabajo. Lo hacen, probablemente, de la peor manera que se pueda hacer. Con Steven y Joe sin dirigirse la palabra y asegurándose de ir a grabar sus partes cuando el otro no se encuentre en el estudio y los otros tres dándose poca cuenta de lo que pasa, más preocupados de conseguir un tiro o un copazo que de lo que necesita una canción. Además, en las sesiones celebradas entre la primavera y el verano de 1979 ya no está Jack Douglas, cuya mano en la producción había sido esencial para que el grupo saliera adelante. El resultado es *Night In The Ruts* que, sin ser tampoco un desastre, queda muy lejos de sus grandes momentos. El tándem Tyler/Perry conserva poca de su química (difícil hacerlo si no se veían) y el grupo parece menos inspirado que nunca, a pesar de que el álbum conserva algún buen momento. El disco ve la luz el 16 de noviembre de 1979 y, para venir de donde venía, la recepción es aceptable, y las ventas también. Además Steven tenía algo en mente: una gira inmediata para presentarlo que suponía que Joe se negaría a hacer, metido de lleno en la preparación de su lanzamiento en solitario. Y así fue. Joe Perry coge las maletas y se larga, poniendo en bandeja a Steven la posibilidad de demostrarle que podían seguir adelante sin él. Así que fichan a Jimmy Crespo, que ya había aparecido en una canción de *Night In The Ruts* y se lanzan a la carretera.

James Crespo Junior (5 de julio de 1954) es un tipo de origen latino nacido en Nueva York que había crecido admirando a las mismas bandas que los que ahora eran sus compañeros, o sea, The Rolling Stones, Animals, The Beatles o Yardbirds. Además, había alcanzado cierta notoriedad en la zona gracias a participar como guitarra solista en Anaconda, uno de los grupos de *bareto* más reputados de la ciudad. La idea de que pasara a formar parte de Aerosmith fue de David Krebs. Él fue el que le propuso que se presentara a la audición para el guitarrista que estaba buscando el grupo, garantizándole que si lo hacía el puesto era suyo. Krebs sabía de primera mano el estado de la banda y que podía imponer su decisión sin muchos problemas. Por su parte, Crespo llega a los estudios SIR de Nueva York, lugar de la prueba, sin tener muy

Jimmy Crespo, buen escudero.

claro a lo que va. Los rumores de que las cosas entre Joe y Steven se han desmadrado corren por los mentideros, pero ni mucho menos pensaba que estaban buscando un sustituto para el guitarrista, sino más bien que se trataba de otra guitarra para complementar el sonido. Así que se presenta sin saberse las partes de guitarra solista y aparentemente no supera la prueba, aunque al poco tiempo es requerido para un segundo intento y, con las cosas más claras, se hace con el puesto. Era ideal. Su imagen encajaba como un guante en la del grupo y era un excelente guitarrista, aunque quizá careciera del estilo propio y diferencial de Joe. Pero no cuajó bien. Y no porque él no pusiera de su parte, sino porque no era amigo de los excesos, y eso en Aerosmith era un problema. Crespo preparó la gira concienzudamente. Aprendió las partes de Joe e intentó aportar algo nuevo. Seguramente era el más preparado de todos en aquel momento, pero todo se torció. En uno de los primeros conciertos de la gira, Steven Tyler pierde el conocimiento en el escenario y cae en redondo, obligando al grupo a cancelar el resto de fechas. El cantante, alienado de la realidad, lejos de buscar ayuda se mete de manera permanente en una habitación del *Gorham Hotel*, para estar cerca de la zona de camellos de la ciudad. Sus tácticas para conseguir dinero que, evidentemente la compañía no quiere prestarle porque sabe su destino, son dos. Por un lado le pide a su mujer que se prostituya para conseguir un pico, y por otro intenta que los traficantes lo reconozcan y accedan a invitarlo por ser quien es, cosa que por supuesto no le ocurre a menudo. No se preveía un final feliz, y no lo hubo. Aunque la cosa podía haber sido peor. Puesto hasta las trancas, Tyler tiene un accidente de moto y acaba con sus malheridos huesos seis meses en el hospital. Tras comprobar que sobreviviría, sus familiares, amigos, y la gente del negocio pensó que era una lección inmejorable. Con lo que no contaban era con que Tyler no iba a aprenderla. «Por supuesto que no la aprendí. Estaba encantado de la morfina que me metían día y noche ¡y de manera legal! Más adelante utilicé mi enfermedad como una excusa para conseguir más drogas, iba a la consulta y le decía al médico "oye, mira, es que me duele como si un hueso me estuviera atravesando la carne ¿puedes darme algo para el dolor? Entonces sí que lo estaba pasando bien"». En paralelo, hay quien le propone a Steven que dé por finiquitado Aerosmith, cosa a lo que él se niega en rotundo. No está dispuesto a aceptar que el grupo sea el problema.

El año 1980 pasa con Steven Tyler intentando recuperarse definitivamente del accidente mientras sus compañeros le enviaban canciones para que les pusiera letra, algo que nunca encontraba el momento de hacer. Así pasa un año en el que no sucede prácticamente nada, para llegar a 1981, momento en el que otro tsunami azotaría a la banda. Brad Whitford acepta la propuesta de Dereck St. Holmes, guitarrista de Ted Nugent, para grabar un disco juntos. Su salida del grupo estaba cantada. «Todo se estaba desintegrando (...). Cuando volví a Nueva York para trabajar con Aerosmith, seguía sin pasar nada. Era como si el tiempo estuviera detenido de manera constante.» En verano de 1981, Brad Whitford deja de ser miembro de Aerosmith, justo en el momento en que se publica el disco *Whitford/St. Holmes.*

Que las cosas no van bien es afirmar algo casi reiterativo, pero la marcha de Whitford es un golpe muy duro y, lo que es peor, totalmente inesperado. Incluso el recién llegado Jimmy Crespo duda ya de su presencia en el grupo. «Yo era un músico de estudio bastante bueno, sacaba bastante pasta; no quería ver mi reputación por los suelos por formar parte de un grupo cuyos objetivos eran erróneos (...). Me desanimó mucho que Brad se marchara. Me gustaba tocar con el guitarra rítmico original de Aerosmith, porque daba un toque de autenticidad a lo que hacíamos. Cuando se fue todo el mundo pensó «vaya, estos no aguantan». Pero, cual gato con siete vidas, Aerosmith no solo iba a aguantar sino que, en un movimiento que ya les había salido medianamente bien otras veces, en su peor momento se meten en el estudio a grabar nuevo disco. Lo hacen, claro está, con otro nuevo fichaje, Richard 'Rick' Marc Dufay (19 de febrero de 1952).

Portada de la aventura de *Whitford-St.Holmes.*

Podríamos detenernos aquí para analizar la suerte de Aerosmith con los sustitutos. No entraremos a valorar lo imprescindibles que eran Joe Perry o Brad Whitford para cualquier proyecto en el que se encontraran. No solo eran excelentes instrumentistas sino que tenían actitud y estilo, mucho estilo. Sustituirlos hubiera sido un drama para cualquier banda, menos para Aerosmith. Cierto es que la época con ellos en la banda no fue la mejor, ni mucho menos, pero no fue precisamente por su culpa, ya que a nivel instrumental y de imagen eran ideales. Rick Dufay, de hecho, fue una propuesta de un Jack Douglas que había vuelto al seno de la banda y que iba a dejar su impronta en su siguiente paso discográfico. El problema seguía ahí y a estas alturas ya sabemos de sobras su nombre y apellido, Steven Tyler. La manera en que lo describe Mark Putterford al hablar de la preparación de ese siguiente álbum, a la postre *Rock In A Hard Place*, es tan hilarante como descriptiva: «La sencilla tarea de conseguir que el cantante escribiera unas pocas letras podía compararse con pedirle a un chimpancé que filosofee sobre la literatura inglesa del siglo XVII».

Preparando unas buenas vacaciones

Con ese poco halagüeño horizonte, Aerosmith acepta intentar alejar a su cantante de todo, para ver si lo devuelven al mundo real, y se largan a una casa alquilada en Miami, grabando en un estudio al aire libre también alquilado por Jack Douglas. Jimmy Crespo es el más activo y compone buena parte de las músicas del disco, pero Tyler no reacciona ni por esas, así que el guitarrista principal, Kramer y Hamilton se vuelven a Nueva York y empiezan a planear formar un grupo con el cantante de la banda anterior de Crespo, Marge Raymond. A Dufay, recién llegado, le «colocan» el muerto, nunca mejor dicho. Él es el encargado de quedarse en Miami y conseguir que Tyler escriba y cante. Lo que no contaban era que Rick iba a convertirse en el compinche perfecto de Steven. Aunque en un primer momento deciden trasladarse a la playa, para ver si el aire marino despierta a Tyler de su muermo, muy pronto empieza a compartir drogas y alcohol y entra en su espiral de autodestrucción, acompañado por la inestimable presencia del ejecutivo Gary Buermele. Afortunadamente, eso sí, ven el precipicio a tiempo y consultan con la clínica que había sacado de la heroína a Eric Clapton, y que se encuentra solo a unos cuantos kilómetros. El tratamiento es a base de metadona, y aunque Tyler lo intenta, no consigue desengancharse. A pesar de eso, y gracias también a inyecciones con vitamina B diarias, consigue la suficiente fuerza para escribir y cantar y en el primer semestre de 1982 acaba *Rock In A Hard Place*.

Publicado el 27 de agosto de 1982, es el disco al que muchos recurren para definir el peor momento de la carrera de Aerosmith. La cosa es fácil. Falta su guitarra rítmica original, falta uno de sus dos líderes, y el otro anda más perdido que un pulpo en un garaje. Pero desprestigiar así *Rock In A Hard Place* es un craso error. Porque el paradigma – para algunos– de disco fallido de Aerosmith vuelve a no ser un mal disco. En palabras de Mark Putterford, de nuevo, «una maravilla. Punzante, peleón, carente en apariencia de cualquier

En la gira de *Rock In A Hard Place*.

cosa que denotara su procedencia». Quizá esto sea exagerado, pero el álbum tiene momentos más que aprovechables, y firmado por cualquier otra banda que no hubiera sido Aerosmith las críticas hubieran sido mucho mejores.

Con su nuevo trabajo bajo el brazo, claro, el grupo sale de gira. Una serie de conciertos que se iniciarán en noviembre de 1982 y se estirarán hasta febrero de 1984. Actuaciones imprevisibles que combinan momentos erráticos con noches directamente brillantes. «Algunos conciertos fueron fenomenales, otros fueron de pena» diría Dufay. «Dependía de lo jodidos que estuviéramos, especialmente Steven». Una situación en la que Rick, como hemos visto compañero de juergas de Tyler, estaba a gusto, pero no tanto Jimmy Crespo, responsable principal del nuevo álbum. «No había manera de poner a trabajar a Steven. En el fondo lo que él quería era que volviera Perry; siempre estaba hablando de él». De hecho, no es lo único que molesta a Crespo. El tipo había visto como Dufay, consciente de su fortaleza como mejor amigo de Tyler, se convertía en el foco de atracción de los conciertos de Aerosmith, algo que no había pasado por alto la prensa especializada que también criticaba la situación. Rick se comportaba en escena como la auténtica estrella de la banda, se tiraba al suelo, saltaba, ocupaba el centro de las tablas. Aunque curiosamente él sería el desencadenante de la vuelta a escena de Joe Perry.

Es cierto que Tyler llevaba tiempo echando de menos a Perry. Sabía que con él a su lado todo era mucho más fácil, y lo mismo sucedía a la inversa. De hecho, los otros miembros del grupo habían seguido manteniendo su relación entre ellos y algunos incluso habían colaborado en conciertos de The Joe Perry Project. El 14 de febrero de 1984 la cosa acaba de tomar forma cuando Joe Perry y Brad Whitford se suben al escenario del Orpheum Theatre de Boston, en el antepenúltimo concierto de la gira, para dar una sorpresa a la banda. Pero será, como hemos apuntado, Rick Dufay el que lo desencadenará todo. El guitarrista convence a su colega de fechorías para ir con sus mujeres a ver un concierto de The Joe Perry Project y en el camerino, cuando ambos músicos están tensos ante la presencia del otro suelta un «ya va siendo hora de que vosotros volváis a estar juntos», desencadenando todo lo que vendría después. Sin saberlo, Rick Dufay había provocado su salida del grupo y la de Jimmy Crespo, y la reunión de la formación clásica de Aerosmith. Todo culmina con una larga llamada telefónica entre ambos que convence a Joe Perry que volver a la banda es posible. Las heridas parecían cicatrizadas. Solo Joey Kramer parecía conservar ciertas reticencias recordando como Perry los había dejado colgados en el peor momento, pero acabaría aceptando que lo mejor para todos era una reunión en la que, por supuesto, también estaba incluido Brad Whitford.

La cosa no era fácil. Joe Perry estaba a punto de entrar a formar parte del grupo de Alice Cooper, para cuyo nuevo disco ya había escrito seis canciones. Además, el guitarrista tenía una querella en marcha contra Leber y Krebs por negligencia en el cumplimiento de sus obligaciones contractuales, e insistía en que ellos no formaran parte del nuevo proyecto. Por ese motivo el grupo acabará en manos de Tim Collins, mánager de The Joe Perry Project, y su socio Steve Barrasso. El problema es que Aerosmith seguía teniendo contrato vigente con Columbia, y con la compañía solo hablaban sus antiguos mánagers. Tras un proyecto de auténtica ingeniería financiera que incluye la creación de un ente fantasma para facturar los conciertos, Collins lanza al grupo a su hábitat natural, la carretera, para conseguir el dinero que los libere de sus obligaciones contractuales. La gira recibió el nombre de Back In The Saddle y estuvo integrada por 63 conciertos que, en líneas generales, tuvieron unas críticas excelentes.

Póster del Back In The Saddle Tour.

Pero no vayamos a creer que todo era color de rosa. Es cierto que algunas heridas se habían cerrado y ya no supuraban, pero también que el grupo seguía siendo una bomba de relojería porque algunos de sus miembros – especialmente Tyler– seguían enganchadísimos a diferentes sustancias. El momento más sorprendente, y que muestra claramente la situación en que se encontraban, a pesar de la idílica forma en que se había vendido su regreso, se produjo el 13 de julio de 1984 en Springfield, Illinois. Un pasadísimo Tyler empieza a jugar con los pedales del bajo de Tom Hamilton, haciendo que el sonido vaya y venga o efectos no previstos en aquel momento. El bajista atiza a su compañero con el mástil de su instrumento y este acaba tumbado plano tras caerse del escenario. Las viejas rencillas parecían estar a punto de subir a la superficie cuando todos culparon, con razón, al cantante del triste incidente, pero curiosamente fue el desencadenante esta vez de un cambio de actitud. Años más tarde, Collins declararía a la revista *BAM* que «todo comenzó en Springfield. Todos estaban deprimidos. El grupo acababa de juntarse de nuevo y ya pensaban en separarse. Nos reunimos en mi habitación a las tres de la mañana. Tenía que decirles quién era el enemigo. El enemigo no era Steven Tyler. El enemigo eran las drogas y el alcohol». No tardarán mucho en volver a las andadas. Pero Collins no solo anda metido de lleno en la lucha para que el grupo no se separe sino que, en paralelo, se encuentra intentando negociar el fin de la relación con Columbia. Lo consiguió aludiendo que el recopilatorio que habían publicado en 1980 bajo el título de *Greatest Hits* podía considerarse el último disco que, por contrato, les quedaba hacer para la compañía, así que Aerosmith era libre de firmar por la compañía que quisiera.

Tom Hamilton junto a Steven Tyler.

Clive Davis volvió a escena. El ejecutivo ahora trabajaba para Arista y quiso repetir la jugada. Él ya había sido el primero en apostar por Aerosmith cuando no eran nadie, y ahora quería volver a hacerlo en uno de los momentos más bajos de su carrera. Pero la cosa no llegó a buen puerto. Tim Collins recomendó al grupo apostar por Geffen y, con todo lo que había conseguido para ellos, decidieron seguir su intuición. Además, tenían el apoyo de John

Kaldoner, uno de los máximos accionistas de la compañía, y así es como firmaron su nuevo contrato. Todo un visionario, Kaldoner consideraba que uno de los problemas de los últimos discos de Aerosmith era la producción, que no se había adaptado a los nuevos tiempos. Ni siquiera la vuelta de Jack Douglas había sido suficiente. Aerosmith, en su opinión, era una gran banda, pero sonaban caducos en estudio y no se conseguía captar allí la fuerza de su directo. Un mantra que seguirían escuchando muchas veces a lo largo de su carrera. El elegido fue Ted Templeman, un tipo que había producido los seis primeros discos de Van Halen. Juntos perpetraron el que probablemente, esta vez sí, fuera el peor disco de la carrera de Aerosmith. Apenas 32 minutos de música, repartidos en ocho canciones, en los que se muestra que la química entre Perry y Tyler aún no se había recuperado, y donde la producción de Templeman se antoja francamente fallida. Aunque poco podía hacer el productor si el material no tenía calado. E indudablemente así era. Y eso que el grupo entró en el estudio más ilusionado que nunca ante la posibilidad de volver a hacer algo grande juntos. Pero donde no hay no se puede sacar. Templeman llegó incluso a utilizar la estratagema de grabar a la banda mientras ensayaba en el estudio – y algunas de las tomas que al final irían al disco serían esas– para esta vez sí conseguir que sonaran exactamente igual a como lo hacían en directo, pero el problema eran las canciones.

Cuando el 4 de noviembre de 1985 *Done With Mirrors*, el regreso de los primigenios Aerosmith, llega a las tiendas la expectación no es la que se recuerda para un disco de la banda, y las ventas lo demuestran quedándose en 400.000 ejemplares. Este dato, inalcanzable para tantos otros, para los de Boston es un soberano fracaso y las estructuras se tambalean. Kaldoner había detectado bien el problema, pero había errado la solución. A Aerosmith ya no le bastaba con sacar un disco para que este se vendiera. MTV había acercado a muchos grupos desconocidos al público, y este tenía mucha más oferta. El grupo se había visto superado por su tiempo, cierto, pero cambiar solo la producción no era suficiente. Debían sentarse y analizar qué había pasado y que debía pasar en el futuro. Así lo veía Tom

El Done With Mirrors Tour llegando a Connecticut.

Hamilton en *Tower Pulse*: «hicimos el disco cuando nos encontrábamos divididos: los que querían colocarse y los que querían divertirse, y el resultado es que no te diviertes musicalmente. Es un buen álbum. Me gusta, pero no era lo que yo me había imaginado al pensar que íbamos a volver a trabajar juntos». Steven Tyler tiene unas sensaciones similares, «gran parte del disco suena como a medio hacer. No me quedé contento (...)». La solución ¿podía estar en cómo sonaran los temas en la carretera? Por supuesto que no.

Aunque el *Done With Mirrors Tour* se inicia el 23 de agosto en Wisconsin, meses antes de la salida del disco, y se hacen nueve conciertos antes de final de año, el grosor de la gira está diseñado para 1986. Pero, como ya había pasado en otras ocasiones, no serán capaces de cumplir todos sus compromisos. Todos seguían en sus viejas adicciones de siempre, aunque el más preocupante, para variar, era Tyler. El cantante sufrió otro colapso en escena por culpa de la heroína, y la historia parecía repetirse. Pero Collins no estaba dispuesto a ello. Él mismo había sido un adicto al jaco y había conseguido rehabilitarse, así que confiaba en que Aerosmith, y concretamente Tyler, podían lograrlo. Eso sí, había que plantearles un ultimátum. O se tomaban en serio olvidarse de polvitos y pastillas, o él cogía las maletas. La forma de hacerlo demuestra hasta qué punto apostaba por un todo o nada. El tipo reúne a todos los miembros del grupo en una habitación bajo la supervisión de Lou Cox, un famoso terapeuta conductista. De uno en uno se levantan y le explican a Tyler lo mal que lo pasan estando a su lado, lo mal que les hace sentirse, e incluso el temor de que un día no vaya a acabar un concierto por culpa de una sobredosis. La terapia de choque es rotunda. Y funciona. Steven Tyler entra en un centro de rehabilitación para salir definitivamente de las drogas. Él lo recuerda así en su autobiografía: «Fui a desintoxicarme a Chit Chat, en Wernesville, Pennsylvania – un centro fabuloso– en el otoño

Centro de desintoxicación de Chit Chat, en Pennsylvania.

de 1986. No te dan drogas que alteren tu estado de ánimo para el bajón, sino clonidina. La jodida clonidina baja la presión sanguínea. No quieres moverte; estás tan aletargado que no vas a saltarte las reglas, que es una de las preocupaciones principales de la gente que está dejando las drogas. Las benzos – Valium, Xanax, etc.– son lo peor para dejar las drogas. Jamás le dije a nadie que las tomaba. Pensaba que eran efectos secundarios de la heroína que me había metido antes de acudir al centro (...). Todos hicimos limpieza. Durante un par de años. Quizá tres. Hasta que ciertos miembros del grupo volvieron a consumir, pero no a los niveles del pasado; de hecho, era algo tan discreto que ni me enteré qué tomaban. Todo lo que sé es que estuve doce años limpio». Ahora solo quedaba empezar a ganarse a aquel nuevo público. Lo que entonces no sabían era que ya habían empezado a hacerlo, y de qué manera.

Cosas de seguir un camino

Aunque la canción «Walk This Way» tiene capítulo propio en este volumen, debido a su importancia vital no solo en la historia de Aerosmith, sino en la de la música rock en general, no podemos seguir adelante esta narración sin citarla y pararnos en ella unos párrafos. La cosa surge de una idea del productor Rick Rubin que propone al grupo de hip hop Run DMC que recuperen el viejo tema de *Toys In The Attic* para hacer una versión. Los tres raperos no lo ven fácil, aunque uno de ellos, Jay Master Jay apuesta por la idea y convence a sus compañeros. A la grabación celebrada antes del ingreso de Tyler en rehabilitación se incorporan el cantante y Joe Perry. Este asegura que «la hicimos en cinco horas y creo que tanto Steven como yo estábamos muy contentos con el resultado». El caso es que la canción los resitúa en el mapa. Jóvenes que nunca habían oído hablar de Aerosmith, o que lo habían hecho como un grupo ya caduco, se interesan por su música, ya que la canción se sitúa de golpe en el número cuatro de las listas norteamericanas. «Walk This Way» había conseguido lo que Done With Mirrors no. Pero ¿serían capaces de mantener su estatus con un buen disco?

Entre marzo y mayo de 1987 unos «limpios» Aerosmith se meten en los Little Mountain Sound Studios para grabar el que ha de ser su disco definitivo. No les afecta la presión. Saben que pueden hacerlo y se encuentran mejor que nunca. Ni siquiera que les haya fallado Rubin como productor les va a hacer fracasar. En un principio se había planteado, ante el propio ofrecimiento del barbudo Rubin, que este fuera el encargado de hacer el disco. Pero no contaban con sus compromisos adquiridos y no quisieron retrasar la grabación para esperarlo. En lo único que participa Rubin es en la grabación de seis temas que quedarán inéditos hasta que los desentierre el pirata *Love Me Like A Bird*. Con él descartado, las tareas de producción recaerán en Bruce Fairbairn, que había trabajado en *Slippery When Wet*, el tercer disco de Bon Jovi. Mientras Tim Collins se ocupa de litigar con Columbia por los dos recopilatorios titulados *Classics Live* que publica sin permiso del grupo –aunque para el segundo y ante un inminente acuerdo acaban incluso aportando cintas propias–, sus miembros se meten en el estudio dispuestos a confirmar su estelar regreso. Y el resultado es fantástico. Poco tarda en darse cuenta todo el mundo de que *Permanent Vacation* es su mejor disco desde *Rocks*. Un trabajo fantástico que aúna perfectamente a los Aerosmith más macarras con una dosis de comercialidad que les iba a ir muy bien. Y es que en cinco meses ya es certificado como platino (acabaría llegando al triple platino). El triunfo es claro e indiscutible. Y lo mejor de todo no es solo que el disco funcione, sino que su variedad, su heterogeneidad, abre nuevos horizontes a la banda. Las cosas van tan bien que Perry y Tyler incluso se atreven a conceder una rueda de entrevistas a la habitualmente hostil prensa británica donde el cantante mostrará una sinceridad que no se le recuerda. De aquella tanda de charlas se extraerán perlas como «llegué a tener tres Porsches, y los vendí todos para esnifarme medio Perú» o «supongo que en total llegaría a gastarme como un millón de dólares en drogas». El resto de la banda, habitualmente más en segundo plano, también aparece en numerosas entrevistas en Estados Unidos, mostrando un entusiasmo desmesurado, pero probablemente justificado. Incluso alguien tan alejado de los medios como Joey Kramer declararía a *Musician* que «ahora nos apoyamos los unos a los otros. Es reconfortante funcionar como un equipo. Si estoy sentado en la parte de atrás de una limusina, jugueteando con el pelo y haciendo ruidos con la nariz, como suelo hacer no importa. Y lo mismo ocurre con ellos. Estos sentimientos son los que nos han hecho llegar hasta aquí. Todo funciona cuando aceptamos al otro tal como es».

Dos semanas tardó *Permanent Vacation* en superar las ventas de *Done With Mirrors*. Impactante. Aunque otro interrogante sobrevolaba al grupo ¿serían capaces de hacer una buena gira estando sobrios? E incluso ¿serían capaces de mantenerse sobrios y alejados de tentaciones estando de gira? El Permanent Vacation Tour se inicia tres meses después de la aparición del disco en

Imagen promocional de la gira de Permanent Vacation.

Binghamton, Nueva York. La gira debe ser larga, pero, por primera vez, planean descansos para volver un tiempo a sus casas a recuperarse. Disminuyen las dosis de estrés y planean el tiempo de descanso. El primero de ellos en el mes de marzo de 1988, en el que pararán veinte días. Además, diseñan la gira intentando que, con alguna excepción, no haya conciertos dos días seguidos y, si puede ser, que en muchos de ellos vuelvan a casa a dormir. No quieren sentirse tentados a tomar algo para aguantar el ritmo y todo se proyecta concienzudamente. El resultado es magnífico. Es cierto que el grupo ha perdido esa aura caótica de su directo, excitante para muchos fans, pero en cambio se muestran profesionales hasta la médula, sin que ello suponga perder cierta espontaneidad ni garra en escena. Grupos como Guns n'Roses, Extreme, Dokken o White Lion les hacen de teloneros, pero ellos son las verdaderas estrellas. Y a eso se le unen unos resultados económicos excelentes. No es solo que llenen estadios, sino que la banda ya no tiene «gastos imprevistos». Steven Tyler es, por primera vez probablemente, consciente de donde está. «Me lo estoy pasando estupendamente. Me levanto por la tarde, cojo el avión para el concierto, doy marcha a veinte mil maníacos, vuelvo a casa por la noche y me quedo en casa sin hacer otra cosa que pensar en lo bonita que es la vida.»

Columbia, por supuesto, no iba a perder la ocasión de aprovechar los réditos del que había sido su grupo, y tiran de archivo para publicar dos cintas de video, *Video Scrapbook* y *Live Texxas Jam 78*, y un disco, *Gems*. Una oportunidad de oro para los fans que ni siquiera fue excesivamente luchada por Tim Collins y Aerosmith, nadando en el éxito y la opulencia. La banda está más ocupada en consolidarse en el mundo audiovisual, y por eso realiza videoclips de tres canciones del disco, «Dude (Looks Like A Lady)», «Angel» y «Rag Doll», que son puestos a todas horas en la influyente MTV.

Y...Pump

Los pájaros de mal agüero son aquellas personas que revolotean a tu alrededor transmitiendo sensaciones negativas. Aquellos que en tus mejores momentos te aseguran que cuando estás arriba solo puedes caer, o que después de lo bueno lo normal es que venga algo mal. Y de estos, Aerosmith, tenían unos cuantos. Los había en prensa, aunque sus antiguos enemigos de *Rolling Stone* hubieran hincado la rodilla para declararlos la banda de hard rock más influyente de los setenta, pero también en su entorno. El grupo estaba dispuesto a demostrarles que se equivocaban, y la forma de hacerlo fue *Pump*. Un disco que en un primer momento Steven Tyler quiso titular *Bobbing For Piranhas*. Un álbum trabajado hasta la saciedad. Y es que, conscientes de lo que se juegan, el grupo muestra su nueva forma de hacer las cosas metiéndose dos meses a ensayar y colocando en el calendario «sesiones de composición». De esta manera, cuando llegan a los Little Mountain Sound Studio de Vancouver, de nuevo, el disco está totalmente pensado. Allí se encontrarán a los Mötley Crüe a los que, como habían hecho antes con Guns n'Roses apadrinarán y darán consejos. De hecho esa es una de las grandes preocupaciones de Tim Collins, las compañías.

En la gira de Permanent Vacation, el concienzudo mánager se había asegurado de conseguir que todas las bandas teloneras tuvieran prohibido el alcohol y las sustancias nocivas en el *backstage*, y solo aceptó a regañadientes hacer una excepción con Guns n'Roses, fiándose de Aerosmith, que le aseguraban que no caerían de nuevo en aquella mierda. Y no lo hicieron. Ahora se iban a grabar a un estudio al mismo tiempo que los Crüe, unos auténticos devoradores de todo lo que pudiera dañar sus cuerpos. Pero las cosas habían cambiado hacía tiempo. Nikki Six, bajista del grupo, había ingresado meses atrás en la misma clínica de desintoxicación que Tyler, a recomendación de este, y estaba aparentemente limpio, como el resto de sus compañeros. Consumían, pero no en exceso, y Aerosmith estaban preparados para sobrellevar aquella situación. De hecho, para sorpresa

Y de golpe...Pump.

de Collins, lo que Sixx y Tyler acabaron haciendo juntos no fue pincharse, sino salir a hacer *footing* por las mañanas. Steven, incluso, acabaría de apoyar a los Crüe haciendo coros en algunas de las canciones de su disco.

Pump tomó las calles el 12 de septiembre de 1989, y desde el primer momento se vio que no había vuelta atrás. Aerosmith era un monstruo, una leyenda del rock y habían conseguido superarse a sí mismos con un disco aún mejor que el anterior. Rápidamente se convirtió en el mayor éxito comercial de su historia, y se calcula que actualmente lleva vendidos cerca de nueve millones de copias en el mundo. La sensación de que el grupo había recuperado el nivel de los setenta, o incluso lo había superado, se instauró en todos. «Love In An Elevator», primer single del álbum, escaló hasta el puesto número cinco en las listas norteamericanas y trece en Reino Unido, algo que superaría «Janie's Got A Gun», que subiría hasta el cuatro en Estados Unidos. Que el trabajo era un éxito lo confirman el hecho de que otros singles como «What It Takes» o «The Other Side» se meten sin problemas en el top 25. Además, *Pump* significa la desconexión total de todos los miembros de las drogas porque sí, quedaba uno, y esta vez no era Steven Tyler. En una entrevista con la revista *Musican*, Tom Hamilton reconocería tiempo después que «fui el último del grupo que lo consiguió. Durante *Permanent Vacation* no bebía, pero fumaba un montón de marihuana diariamente (...). Fue un error por mi parte. Usaba mi energía mental para memorizar los arreglos, en vez de tocar lo que me apetecía tocar (...). Me equivoqué con mis prioridades. Finalmente, en *Pump* toqué lo que sentí, porque tenía claros los arreglos».

Las cosas, por fin, parecen ir sobre ruedas. El grupo había conseguido todo lo que se había propuesto en sus inicios. La situación era inmejorable. No solo tenían éxito en cuanto a ventas de discos, sino que la crítica ya los reconocía casi de forma unánime como una banda grande del rock, y sus videoclips eran los más emitidos y los más vistos en MTV. Por si no fuera suficiente, todos se habían desenganchado de sus adicciones, y Joe y Steven se llevaban mejor que nunca. Incluso el hecho de que Tipper Gore, mujer del presidenciable Al Gore, y defensora de la moral estadounidense les hubiera colocado a sus discos la etiqueta de *Parental Advisory Explicit Content* (Aviso parental de contenido explícito) les había hecho daño, sino más bien al contrario, ya que los jóvenes se sentían aún más atraídos por ellos.

¿Y el directo? Pues Aerosmith siguen siendo una roca. Como hemos apuntado anteriormente habían dejado el descontrol para tiempos pretéritos y sus conciertos ahora eran tan profesionales como efectivos. No solo despertaban una expectación inusitada allí por donde pasaban, sino que sus actuaciones se contaban por éxitos. Uno de ellos, ampliamente recordado, es el del 14 de noviembre de 1989 en el Hammesmith Odeon de Londres, decimoséptimo concierto del Pump Tour. Algo había cambiado en ellos. Steven se mostraba atlético, cargado de fuerza y con ganas de recorrer el escenario de lado a lado todas las veces que hiciera falta. Mal que le supiera, como hacía su eterna comparación, Mick Jagger. Pero es que el resto también se mostraban mejor que nunca. Sus caras eran saludables, y no había rastro de aquellos rostros cadavéricos y blancos que les habían caracterizado siempre. Los premios, además, se sucedían. Tras veintiséis conciertos en Europa tocaba conquistar su propia casa. Y vaya si iban a hacerlo. Con Skid Row de teloneros, las cifras indican que más de dos millones de personas vieron a Aerosmith en esa gira por Estados Unidos y Canadá, con una media de 15.000 personas por noche. Y aún quedaban cosas por vivir. En agosto de 1990 regresan a Europa y el día 18 hacen parada en el festival de Donington para actuar ante 80.000 enfervorizadas almas, compartiendo cartel con Whitesnake, Thunder, Quireboys y Poison. Una fecha marcada en rojo en su historia, ya que ese día el mismísimo Jimmy Page de Led Zeppelin, uno de sus ídolos, se sube al escenario con ellos para tocar «Train Kept A'Rollin» y «Walk This Way», algo que repetirá dos días más tarde en el *Marquee*, esta vez añadien-

Los gemelos tóxicos encabezando *Kerrang!*.

Con Jimmy Page de Led Zeppelin.

do a su participación «Ain't Got You», «Think About It» de The Yardbirds, « Red House» de Jimi Hendrix y, sobre todo, «Inmigrant Song» de Zeppelin. Los reconocimientos eran tantos que el 6 de marzo de aquel mismo año habían estampado sus manos en el cemento del salón del rock de Hollywood o incluso habían sido los protagonistas de una de las primeras grabaciones de un programa de televisión que iba a hacer historia, el *MTV Unplugged*.

Tenemos que remontarnos poco antes de la actuación en Donington, concretamente al 11 de agosto, para hablar de su aportación a los famosos conciertos desenchufados. El grupo hace una actuación corta, más de lo que acabaría siendo habitual en estos casos, pero que muestra el impresionante estado de forma en que se encontraban. Situados en corro y ante un número muy limitado de público, los cinco miembros originales de Aerosmith y el saxofonista Thom Gimble acometen magníficas versiones arregladas para el formato de «Hangman Jury», «Big Ten Inch Record», «Dream On», «Walking The Dog», «Toys In The Attic» o «Train Kept A Rollin'», que son las que se emitirán finalmente, a las que hay que añadir tomas de «Milk Cow Blues», «Seasons Of Wither» o «Love Me Two Times». En un incomprensible movimiento de la compañía, aquello no se editó ni en vídeo ni en disco, convirtiéndose automáticamente en un preciado tesoro en el mercado de discos piratas.

Aprovechando el altavoz

A Tipper Gore no le gustaban las letras de Aerosmith.

Si algo no había caracterizado a Aerosmith hasta la llegada de los años noventa fue su implicación social y su compromiso político. El grupo siempre se había mantenido al margen de cualquier tipo de polémica, y solo cuando la señora Gore les colocó las célebres pegatinas, Tyler empezó a criticarla en público, aunque simplemente porque ella había atacado su música, pero por nada más. Aunque en la nueva década, las cosas iban a ser diferentes. La fama de la banda había convertido a todos sus miembros en personajes mediáticos, haciendo que cualquiera de sus declaraciones tuviera un efecto altavoz incalculable. Y, por supuesto, iban a aprovecharlo. Especialmente un Steven Tyler más centrado que nunca. El primer paso había sido la letra de «Janie's Got A Gun», segundo single de *Pump*. Una canción que muchos habían interpretado como un canto feminista pero que iba mucho más allá, según el escritor de su letra. El tema trataba sobre los abusos a menores. De hecho, algunas de sus frases eran tan duras que tuvieron que ser modificadas por un tema comercial. «Me cabreaba que nadie hablara de esos niños que eran violados por sus padres», aseguraría el cantante a *Newsweek*. Lo cierto es que en la canción parecen confluir ambos temas, la pederastia y también la emancipación y el empoderamiento de la mujer. Por ello, Tyler empezó a ser visto con camisetas con evidentes eslóganes feministas, el más famoso de todos el que rezaba «si los hombres tuvieran la regla, los tampones serían gratis». El resto del grupo, mientras, lo miraba con una cierta distancia. No es que no creyeran en lo que Tyler estaba haciendo, más bien lo apoyaban, pero en el fondo sabían que aquella era una manera que Steven tenía de esconderse de sus miedos. Su mente nunca estaba tranquila, y a principios de 1991 empieza a convencerse de que va a volver a tener problemas con sus compañeros de grupo por lo que, adelantándose a estos – a ese nivel de madurez habíamos llegado– ingresa de manera voluntaria y durante tres semanas en un centro de rehabilitación de ex adictos con problemas de conducta.

Por su parte, Joe Perry ayuda a su antigua compañía, Columbia, a escoger los temas del nuevo recopilatorio que preparan, en otro intento de ganar ellos también algo gracias al éxito del grupo. Perry prefiere participar del proceso y no que este escape de su control, y así nace *Pandora's Box*, el mejor de los grandes éxitos que se había publicado hasta aquel momento. Un conjunto de tres discos y cincuenta y dos temas, que no se limitan a las versiones ya conocidas de las canciones incluidas, sino que nos presentan nuevas tomas, temas inéditos, ensayos y versiones desconocidas que lo convierten en imprescindible para cualquier fan. Y Aerosmith tenía muchos, como prueba la fulgurante entrada de un disco como ese, a fin de cuentas, un álbum de rarezas, en la lista de los cincuenta más vendidos del año en Estados Unidos. Perry, por cierto, se había sumado a la labor de concienciación social de Steven y había empezado a aparecer en escena con una guitarra en la que se podía leer el lema «protesta y sobrevive».

No fueron hechos aislados. Aerosmith estaban convencidos de su labor y por ello empiezan a meterse en todos los actos que requieran su presencia, siempre que estos tengan un trasfondo humanitario. Hacen conciertos benéficos en el Hard Rock de su ciudad, participan en recolectas de alimentos e incluso graban un anuncio para Rock The Vote, una organización no gubernamental que lucha por empoderar a los jóvenes en el ámbito político. Pero, sobre todo, y aprovechando que tienen 1992 prácticamente libre de conciertos, se implican con el *National Endowment For The Arts*, una fundación nacional en beneficio de todo tipo de artistas, en la defensa de la libertad de expresión llegando a donar cantidades muy elevadas para conseguir su cometido. Joe Perry resumiría el sentir de todos sus compañeros en una entrevista en *Newsday*, «no quiero que mi hijo de seis años vea la MTV a las ocho de la mañana, pero tampoco quiero que el gobierno me diga qué puedo y qué no puedo permitirle». Este tipo de declaraciones y acciones eran comunes en el grupo, ya que todos estaban de acuerdo pero, en contra de lo que pueda parecer, estuvieron a punto de suponer su desaparición. Como todo obsesivo, Steven Tyler era incapaz de tomarse las cosas con calma. Su nivel de intensidad era insufrible para todo aquel que le rodeaba y eso no excluía a sus compañeros de grupo. Tarde o temprano, todos acabarían admitiendo que, a pesar de no estar haciendo nada musical juntos en aquellos momentos, permanecer al lado de Steven Tyler no era precisamente un placer. Lo más curioso del asunto era que el que mejor parecía llevarlo era el mismísimo Joe Perry, que parecía haber madurado lo suficiente como para entender a su amigo. «Hay veces que no lo veo durante días. Creo que he creado mis barreras, y por eso trabajamos bien juntos.» Está por ver si eso es trasladable al trabajo, algo que no tardaremos en comprobar. Porque en enero de 1992, Aerosmith se mete en el estudio para grabar su nuevo disco. Algo que harán en dos tandas repartidas a lo largo de todo el año. El objetivo, además, es mastodóntico: superar lo conseguido por *Pump*. No lo harán. Visto con distancia, era imposible. *Get A Grip* publicado en la primavera de 1993 es un muy buen disco. Un fantástico disco. Pero repetir las cotas de inspiración de *Pump* era imposible. Y eso hizo que algunos de aquellos críticos que habían permanecido agazapados ante la rotundidad de *Pump* asomaran la cabeza. No es que las críticas fueran tampoco sangrantes, pero sí denotaban ciertas cuentas pendientes, como hizo Mark Coleman en *Rolling Stone* al remarcar la ausencia de inventiva verbal en las letras de Tyler. Un tipo que, por cierto, ya tiene otra cosa en lo que ocuparse, por lo que desplaza su renacida conciencia social a un segundo plano. «Sabemos que no somos un grupo con mensaje. Sabemos lo que a la gente le gusta: tomarse unas cervezas, divertirse y olvidarse del resto del mundo. Esa es la premisa de Aerosmith. Nosotros escribimos sobre cómo hacer niños, no sobre cómo educarlos» diría Tyler a *Newsday* tras la salida del álbum. Quién lo hubiera dicho unos meses antes.

La gira de presentación del disco arrancó el 2 de junio de 1993 en Topeka, Kansas. Mientras Columbia preparaba una edición remasterizada de todos sus discos en formato CD, los conciertos fueron cayendo durante 18 meses, con mención especial a una visita a Japón durante la cual tuvo que ausentarse Brad Whitford, por problemas familiares, siendo sustituido de manera temporal por Dave Mineham. Casi al mismo tiempo, Aerosmith iba a debutar en uno de los mundos que iba a acabar dándole más réditos económicos a la banda, el del videojuego. Lo curioso no es ya que lo hagan aportando sus canciones como banda sonora, algo que se repetirá de manera continua en el futuro, sino que el grupo es el protagonista directo del tema del juego. Bajo el nombre de *Revolution X* se propone una aventura en la que los jugadores del arcade han de hacer frente a una organización que ¡ha secuestrado a Aerosmith! Lo mejor de todo es que las armas de las que disponen los jugadores no se cargan con balas, sino con CDs del grupo. Un argumento tan hilarante como atractivo, viendo el resultado de ventas. Aerosmith empieza a mirar hacia el ámbito de las tecnologías, y no será la única forma en que lo harán, ya que ese mismo año permiten que uno de sus temas se escuche de forma gratuita en una red informática. Perry y Tyler están convencidos del poder de las nuevas tecnologías y proponen a Geffen diversas formas de aprovecharlas en el ya lejano 1991, pero estos ni disponen de los medios ni, sobre todo, están interesados en tirar el proyecto adelante. Así que el grupo empieza a acercarse a su antigua casa. Porque Columbia-CBS había sido comprada por el grupo japonés Sony en 1988, y estos sí que estaban interesados, y mucho, en lo que Aerosmith proponían. Aunque, como era habitual, antes había que cerrar el compromiso con Geffen. Lo hacen publicando otro grandes éxitos, en este caso titulado *Big Ones*, al que añaden un «Deuces Are Wild» de la banda sonora de *Beavies And Butthead*, y dos temas inéditos estupendos: «Blind Man» y «Walk On Water».

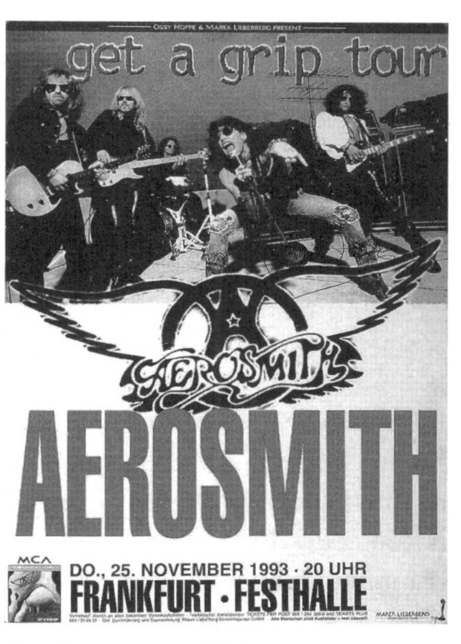

Concierto europeo del Get A Grip Tour.

De estrellas consolidadas al Armageddon

The Mama Kin Music Hall

En 1994, Aerosmith tienen pocas cosas que no hayan conseguido. Quizá por eso, las adicciones vuelven a aparecer en algunos miembros del grupo aunque, como aseguraba Steven Tyler, «nunca con la misma intensidad a como lo habían hecho en el pasado». Lo cierto es que estas nunca más volvieron a ser un problema grave para la continuidad de la banda. Cuando aquel año llega a su fin, y mirando atrás, Aerosmith se encuentra con que han finiquitado la gira de *Get A Grip*, con que han aparecido en el concierto del veinticinco aniversario del mítico festival de Woodstock (concretamente el 13 de agosto) y con que han abierto su propio club en Boston, el The Mama Kin Music Hall. Además, el contrato con Geffen estaba finiquitado. De los seis discos por los que habían firmado, el grupo había entregado cinco, incluyendo *Big Ones*, y había previsto un futuro lanzamiento de otro grandes éxitos, aunque esta vez en directo. Así que podían empezar a planificar su nuevo trabajo. Mientras lo hacen, las novedades de la banda girarán hacia el ámbito editorial. Por un lado, el grupo había vendido los derechos de una biografía autorizada a *Putnam Publishing* de la que se encargaría Stephen Davies por la friolera cifra de un millón de dólares solo en concepto de adelanto. Y por otra, Cyrinda Foz, ex mujer de Tyler, estaba preparando *Dream On: Livin' on the Edge with Steven Tyler and Aerosmith*, en el que describía a Tyler como un maltratador y un mal padre. Este

La gran biografía sobre Aerosmith de Stephen Davis.

intentó convencer a su ex pareja de que aquello no saliera a la venta e incluso llegó a amenazarla con un juicio por difamación, alegando que todo era una sarta de mentiras, pero al final el libro llegó a las tiendas con el consiguiente escándalo. Cuando lo hace, eso sí, el grupo ya ha empezado a trabajar en lo que será *Nine Lives*, su siguiente trabajo, y por lo tanto Steven tiene la cabeza ocupada en otra cosa. Brad Whitford explicaba sus expectativas sobre el disco así a *Newsweek*: «Hay mucha presión en torno a nosotros, interna y externamente, para mantener lo que hemos conseguido. Nos decepcionaría que en el disco hubiera cosas flojas, porque en *Get A Grip* ya las había».

Libro escrito por la ex mujer de Steven Tyler.

A 30 millones de dólares ascendía el contrato que Aerosmith había firmado con Sony. Lo habían hecho en 1991, y la compañía había esperado pacientemente a que el grupo acabara su compromiso con Geffen, pero en 1995 ya han pasado dos años desde *Get A Grip* y los gerifaltes de la compañía de discos empiezan a impacientarse. El grupo parecía haberse acomodado y las noticias sobre ellos se limitaban a la aparición de otro videojuego, *Quest For Fame*, una especie de precursor de lo que años más tarde sería *Guitar Hero*. Por primera vez en su carrera, tras acabar la gira, se veían poco y dedicaban sus horas a pasar el tiempo con sus familias rompiendo la monotonía con la asistencia a alguna que otra entrega de premios. Las presiones se inician mediado 1995, y el grupo se ve obligado a empezar a ensayar las nuevas canciones. La idea es entrar en estudio en enero de 1996, así que van sobrados de tiempo. Deciden repetir en Miami, como habían hecho quince años antes y escogen como productor a Glen Ballard, nombre de moda gracias al éxito de *Jagged Little Pill* de Alanis Morissette. Juntos se trasladan a Florida, aunque pronto sufrirán el primero de los muchos contratiempos. Y es que si por algo se caracterizará el disco que grabarán es por las desapariciones de gente importante en el seno de la banda, la primera de todas, la de Joey Kramer.

El batería, acostumbrado a permanecer en un segundo plano, había utilizado la estrechísima relación que mantenía con su padre como punto de apoyo para seguir adelante. Por eso, su muerte fue algo demasiado duro como para continuar adelante sin consecuencias. «Entré en una profunda depresión. Surgieron muchos problemas que tuve que afrentar por mi cuenta. Muchas cosas alrededor de mi infancia, había perdido a mi padre hacía poco. Fue una especie de emergencia que surgió para mí y tuve que cuidarme. Eso fue lo más importante en ese momento» declararía en un programa sobre el disco emitido por MTV. En declaraciones posteriores a la aparición del álbum recogidas muchos años más tarde por la revista *Uncut* completa esa información: «estaba en un momento horrible, luchando con mis demonios personales y superando la muerte de mi padre. Tenía miedo a todo y a todos. Necesitaba seguridad, y grabar un nuevo disco era de las peores cosas que podía hacer para conseguirla, pero tampoco podía hacer que el grupo se parara totalmente por mi culpa. Así que acepté que siguieran adelante con un nuevo batería». El elegido fue Steve Ferrone, músico que había trabajado con Eric Clapton o Tom Petty, entre otros muchos.

La siguiente baja sería la de John Kalodner, su A&R de confianza y que había participado activamente en su vuelta a Columbia-CBS. Kalodner, además, había sido una figura esencial para hacer más comercial la imagen y la música del grupo, pero en palabras del propio Steven Tyler, había pensado que podía opinar sobre más cosas de las que debía y su presencia se había hecho incómoda, así que él mismo le pidió que se marchara.

Vamos por la siguiente e importantísima baja, ni más ni menos que la del productor elegido, Glen Ballard. Y la marcha del A&R tendría mucho que ver con la suya. No por lo que podemos imaginarnos. Sería fácil pensar que Ballard era una apuesta de Kalodner, alguien con muchísimo peso dentro de Aerosmith, pero lo sucedido fue más bien fue lo contrario. Cuando el A&R acostumbrado a imponer buena parte del sonido y del estilo que quería para los de Boston desapareció del mapa, el productor se vio liberado para ejercer un papel más amplio del que habitualmente se otorgaba a figuras como la suya e ideó un disco que se salía y mucho de lo esperado en un trabajo de Aerosmith. Además, contó con la complicidad de un Steven Tyler que vio en aquella una oportunidad para dar rienda suelta a toda su creatividad. Ambos formaron juntos un imprevisible tándem creativo que, además, dejaba fuera al resto y eso, por supuesto, no fue bien recibido por nadie. Las tensiones se sucedieron y la cosa estuvo a punto de explotar en diversos momentos, aunque finalmente lograron presentar un conjunto de canciones a la discográfica. Para descanso de Joe, Brad, Tom e incluso Joey, por mucho que él no hubiera trabajado en las cintas, Columbia no aceptó las canciones. Aquello no sonaba a Aerosmith. De hecho, para Kramer fue incluso una gran noticia, ya que el grupo debía regrabar el álbum y esta vez él sí que estaba listo para hacerlo. Poco dispuesto a reconocer su error, que no se explicaba en exclusiva por el cambio de batería, Steven fue poco elegante y declararía que «trabajamos con otro batería, y simplemente no tenía la habilidad para patear traseros de Aerosmith, así que nos llevamos todo el proceso a Nueva York». Curiosa explicación con la que tampoco se cierran todos los problemas del grupo. Porque la bomba Tim Collins estaba a punto de explotar.

El mánager que había apostado por Aerosmith en su peor momento y que los había llevado a vivir en la opulencia estaba también a punto de abandonar el barco. Preocupado por la poca dedicación de la banda a la música y la mucha que dedicaban, en especial Steven, a la vida social, empezó a sospechar que este había vuelto a las drogas. Tyler lo explica en su autobiografía: «Mientras trabajé en *Nine Lives* permanecí limpio y sobrio. La vida misma me hacía sentir bien, pero Tim Collins estaba convencido de que me drogaba ¿Cómo podía estar tan despierto si me metía drogas? Creo que Tim deseaba por todos los medios pillarme con drogas». El grupo lo niega, pero acepta recluirse en *Steps*, la clínica donde ya se habían rehabilitado antes, para hacer terapia de grupo (que cada uno extraiga sus conclusiones). A pesar de eso, el grupo tolera mal la fiscalización de Collins hacia sus vidas. Joe Perry declara a *Spin* que «buscaremos una persona adecuada que nos ayude a mejorar nuestra comunicación», mientras Tyler aseguraría más adelante en *Guitar World* que «estábamos cansados de él. Fue estupendo los primeros años. Nos desenganchamos todos juntos. Tiene algo de lo que presumir: la sobriedad que adquirimos. Pero ya llevo sobrio diez años. Así que ¿qué tal si dirigimos el grupo en vez de enfocarlo solo a eso?». Cuando estas declaraciones ven la luz, Collins ya ha sido despedido, ya que la comunicación le llega el 31 de julio de 1996. Se hace difícil entender que su reconocimiento quede solo, como dice Steven, en haber colaborado a desenganchar al grupo de las drogas, ya que difícilmente discos como *Pump* existirían sin él, aunque su respuesta a esa actitud no iba a tardar en llegar. A diferentes insinuaciones en varias revistas asegurando que uno

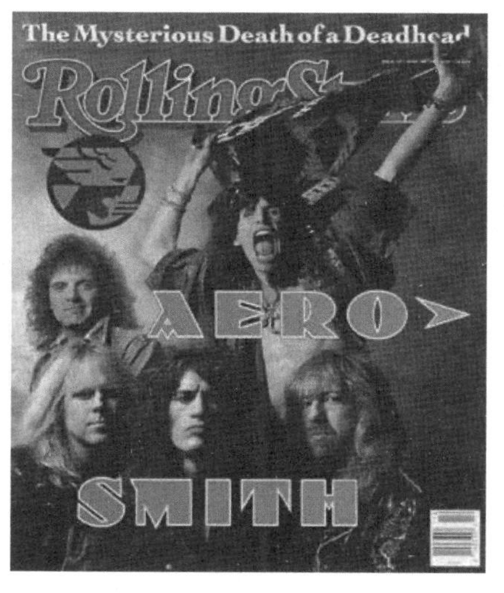

Otra vez portada de *Rolling Stone*.

de los miembros de Aerosmith no sabía vivir sin drogas se unió una explosiva entrevista en *Rolling Stone* – ¿dónde si no?– para asegurar que se refería a Steven Tyler, a lo que el artista respondió con otra entrevista en el mismo medio. La guerra estaba abierta y todavía quedaban muchos frentes en ella. No parecía la mejor manera de afrontar la grabación de un disco. Hasta que Sony-CBS hizo acto de presencia. La inversión multimillonaria que habían hecho en la banda debía ser rentable, y para eso debían acabar con sus batallas internas de manera inmediata.

Esa es la situación en la que Aerosmith llega a los estudios Avatar, en plena isla de Manhattan. Bueno, esa y con un productor nuevo. Evidentemente Glen Ballard fue substituido y para ocupar su puesto se optó por Kevin Shirley que había trabajado con The Black Crowes o Journey. En un primer momento se plantean no grabar nada nuevo, algo que hace poca gracia a Joey Kramer, que ve como puede acabar quedando fuera del disco. Pero el enfoque de Ballard es demasiado concreto como para convertirlo en lo esperado por la compañía de discos con unas simples remezclas o algún *recording* adicional, así que deciden regrabarlo todo desde cero, cosa que hacen en nueve semanas. De hecho, los que han escuchado las llamadas y descartadas cintas de Florida aseguran que se trata de una especie de electrónica heavy, algo que no podemos imaginar como nuevo disco de Aerosmith, aunque Tyler ha seguido alabando siempre el trabajo que hizo Ballard. El caso es que el grupo acaba de mezclar su nuevo trabajo en la Navidad de 1996 y prepara su edición para la primavera del año siguiente. En esta, organizada por Columbia el mismo mes de marzo en que *Nine Lives* ve la luz, se puede observar el estatus que ahora disfruta la banda, ya que la fiesta está llena de mujeres disfrazadas como la gata humana – se trata de la divinidad Krishna– que ilustra la portada del disco. Un trabajo, como casi siempre, no exento de polémica. A los que aseguraban encontrarse ante una nueva obra maestra del grupo se enfrentaban los que afirmaban – con razón– que la cosa estaba muy lejos de *Pump*, probablemente una comparación tan injusta como habitual el resto de su carrera. Quizá en el punto medio esté el acierto. Ni el disco era una obra maestra, ni es horroroso. El grupo se sigue mostrando en forma, y aunque la lista de compositores se ha elevado hasta diez, la esencia del dúo Tyler-Perry está allí.

El álbum no funciona mal. Las ventas, de hecho, son muy buenas y alcanzan el doble platino mientras el grupo se lleva un *Grammy* incluso por la mejor interpretación vocal en «Pink». Toca girar para presentarlo y esta vez la cosa será más grande que nunca. Dos años que se alargarán en un tour

Recogiendo un Grammy, con ganas de más.

en medio del cual sucederán tres hechos destacables. El primero de ellos, los percances. Joey Kramer sufre quemaduras de segundo grado por un incendio en una gasolinera en una de las jornadas de descanso y Steven Tyler también sufre otro percance. El 29 de abril en Anchorage se le cae el soporte del micrófono en la rodilla y se lesiona el ligamento cruzado, debiendo parar hasta septiembre entre rumores, por supuesto, de que lo que estaba haciendo era rehabilitándose de nuevo.

El segundo hecho que hemos de destacar es la consecución del primer número 1 de la banda con un tema paradigmático que definirá de alguna manera su futuro. En 1998 llega a los cines la película *Armaggedon*, protagonizada por la bellísima hija de Steven, Liv Tyler. Compuesta por Diane Warren, el tema central titulado «I Don't Wanna Miss A Thing» es una balada de amor que interpretada por Aerosmith llega al número uno desde el momento de su publicación como single, el 8 de junio de 1998. Permanecerá en ese puesto durante cuatro semanas, e incluso será nominada a un Oscar de Hollywood en la edición de 1999. El grupo, antes modelo de banda cruda y de genuino rock and roll, había mutado en prototipo de baladistas románticos. Algo que potenciarían de aquí en adelante, igual que su participación en bandas sonoras.

Liv Tyler en Armageddon.

Tercer elemento a destacar en 1998, la publicación del disco en directo con canciones del Get A Grip Tour y del Nine Lives Tour que debían a

Geffen, *A Little Sound Of Sanity*, al final lanzado con el apoyo de Columbia. Un trabajo que como era de esperar vuelve a vender un montón de discos, llegando al platino.

Y finalmente hemos de hacernos eco de un hecho no musical pero que ejemplifica a la perfección en lo que se había convertido Aerosmith. El 29 de julio de 1999, apenas dos semanas después de finalizar el Nine Lives Tour, los miembros de Aerosmith se desplazan hasta el parque de Disney en Florida, concretamente en los Hollywood Studios, para inaugurar Rock 'n' Roller Coaster Starring Aerosmith, una montaña rusa con su nombre. Una atracción que alcanza los 92 kilómetros por hora mientras atruenan canciones de Aerosmith durante el trayecto, y que en 2001 será también incorporada a las atracciones de Disneyland París. Que Aerosmith ya es mucho más que un grupo de rock ya nadie lo pone en duda.

El siglo XXI

Nuestros cinco amigos enfocan el cambio de milenio con pocos proyectos en mente, aunque Columbia no está muy por la labor de dejarlos descansar demasiado. En 2000 vuelven a aparecer en una banda sonora, esta vez la versión cinematográfica de la famosa serie televisiva *Los ángeles de Charlie*, con la discreta canción «Angel's Eye», y a finales de ese año empiezan a trabajar y graban su nuevo disco, *Just Push Play*. Para ello optan por la producción de Tyler y Perry, rebautizados aquí como *The Boneyard Boys* (Los chicos del cementerio) junto a Marti Frederiksen y Mark Hudson. Juntos dan forma a un trabajo de muy buena ejecución pero que flojea en lo más importante, sus canciones. Tras una horrorosa portada nos encontramos con doce temas poco inspirados pero que suenan muy bien, eso es innegable. Aunque a estas alturas ya da igual. El disco vuelve a venderse muy bien y el grupo tiene el honor de ser presentado como miembros del *Rock And Roll Hall Of Fame*, siendo la primera vez que eso sucede con una banda que tiene un tema en las listas de éxitos en el momento de hacerlo. Aunque antes participan en la edición más vista por televisión, en aquel momento, de la Super Bowl, la final de la liga de fútbol americano. Son imparables. Participan en el concierto de homenaje a las víctimas del 11-S en Washington y se convierten en la atracción principal del show. Lanzan canciones de bandas sonoras («Theme from Spider-Man»), recogen premios sin parar y son requeridos en cual-

Joe Perry y Kiss.

quier fiesta que se precie. En 2003, incluso se lanzan a una gira conjunta con Kiss que titulan Rocksimus Maximus Tour, para coger la forma de cara a la grabación de su siguiente disco, con el que pretenden demostrar que la música sigue siendo importante para ellos. Unos planes que no pospondrán ni el diagnóstico de hepatitis B y C que sufre Steven, algo que mantendrán en secreto bastantes años.

Pero volvamos al problema, la música. Devorados por su propia grandeza, Aerosmith parecen haber dejado de lado lo más importante. Son muchos los que les acusan de ello y la crítica especializada aprovecha cualquier evento social en el que aparecen para recordarles que ahora son VIPs, y no músicos de rock. Algo que ellos no están dispuestos a aguantar. Quieren demostrar a todo el mundo que se equivocan. Que pueden compaginar sus nuevas vidas como animales sociales con la de músicos. Por eso planean volver a sus orígenes y la mejor forma de hacerlo es... hacerlo realmente. Puede parecer una reiteración, pero me explico. Tyler y Perry llevaban tiempo valorando la idea de grabar un disco de clásicos del blues. Un álbum de versiones que mostrará al público sus grandes influencias, y eso es lo que proponen al resto de la banda que aceptan encantados. Se trataba, además, de matar dos pájaros de un tiro. Por un lado, grababan canciones que les gustaban y que en muchos casos dominaban en base a las muchas versiones que ya habían hecho de ellas. Y por otro se ahorraban toda la parte del trabajo de composición, pudiendo dedicar este tiempo a sus actividades paralelas y a estar con sus familias. Esa es la génesis de *Honkin'On Bobo*.

Para su grabación recuperan a su amigo Jack Douglas como productor (se trataba de regresar a los orígenes ¿no?) y a él se unen Tyler y Perry, y Marti Frederiksen que sobrevive al disco anterior. «La única forma que teníamos de grabar un álbum así es tocando en directo» diría Brad Whitford en el DVD que acompaña a la edición de lujo del CD, «cuando tienes a una banda que toca bien junta has de capturar esos momentos». Y eso es lo que intentan, aunque lo consiguen solo a medias. El repertorio es estupendo, con revisiones de Sonny Boy Williamson, Reverend Gary Davis, Willie Nixon o Mississippi Fred McDowell, y el resultado es notable, pero carece del «mojo». Le falta picante. Hay pocas interpretaciones realmente orgánicas y el disco es demasiado correcto. Sin suciedad. De los resultados de ventas ni se preocupen. 160.000 copias despachadas la primera semana y top 5 de Billboard. Lo musical ha pasado a un segundo plano.

Tyler en *Be Cool*.

Steven Tyler aparece en 2005 en la película *Be Cool* protagonizada por John Travolta, mientras Joe Perry se entretiene lanzando ese año un disco homónimo en el que junto a sus temas versiona a The Doors y a Woody Guthrie. Y encuentran la excusa de la edición del directo *Rockin'The Joint* para programar una gira con Lenny Kravitz de telonero en una parte y Cheap Trick haciendo lo propio en otra, aunque de esta segunda solo realizarán un concierto, suspendiendo el resto al tener que operarse Tyler de una afección de garganta. La noticia corre como la pólvora y el rumor de que el cantante tiene cáncer se extiende, aunque la cosa es mucho más sencilla. Un vaso sanguíneo se ha inflamado alrededor de sus cuerdas vocales y hay que corregirlo, cosa que hacen en marzo de 2006. Apenas dos meses después, Tyler está ya en el estudio empezando a trabajar en el que debe ser el próximo disco de Aerosmith, y el 3 de julio actúa junto a Joe Perry en la Boston 4th of July Fireworks Spectacular. El grupo acabará incluso girando a finales de año junto a Mötley Crüe. Algo sorprendente. De hecho, la recuperación es tan espectacular que todo el proceso acabará apareciendo el año siguiente en el National Geographic Channel en un episodio científico titulado *La Increíble Máquina Humana*. No hay más que decir.

A sus órdenes Mr. Tyler.

¿Qué puede pasar cuando las cosas van bien? ¿Y si hay músicos por en medio? ¿Y si esos músicos son grandes estrellas del entretenimiento? Claro, que se estropeen. Porque el disco que en teoría Aerosmith están empezando a trabajar en 2006 acabará tardando seis años más en ver la luz. Steven, asustado en parte por sus problemas de garganta, quiere afrontar algo que había deseado toda su carrera, un disco en solitario. Algo que, dicho sea de paso, Perry ya ha vivido en varias ocasiones. La cosa no acaba de arrancar, y los intentos del cantante de llevarlo a buen término son infructuosos, pero lo alejan irremisiblemente de su grupo. Otra vez los rumores aparecen con fuerza, y el último apunta a que Lenny Kravitz va a convertirse en el cantante de Aerosmith. Todo fundado en unas declaraciones en las que el propio Perry reconocía en el *Washington Post* que estaban buscando un nuevo cantante. Todo parece más encarrilado hacia esa opción cuando Steven ingresa en diciembre de 2009 en una clínica para tratar su adicción a los analgésicos provocada por sus constantes dolores en las piernas tras haber pasado el verano haciendo el Guitar Hero Tour, durante el cual Perry y Tyler apenas se miran, aprovechando las ventas del famoso videojuego en el que se incluían sus canciones. Una gira con más conciertos cancelados que celebrados, en buena parte por culpa de la salud de Steven. De hecho, Perry declararía que, dado que Tyler estaría año y medio sin andar, era indispensable encontrar un nuevo cantante. Este puso el tema en manos de sus abogados. Si querían despedirlo debían manifestarlo claramente y no con noticias en la prensa. Pero no lo hicieron. El 17 de mayo el grupo reaparecería en Venezuela, dentro del llamado Cocked, Locked, Ready to Rock Tour, para semanas más tarde volver a actuar en Donington con Perry definiendo a Steven como «el mejor cantante de rock and roll del mundo». Las cosas parecían arregladas. Pero eso, solo lo parecían. Las heridas todavía estaban abiertas. Tyler no estaba dispuesto a perdonar tan fácil la afrenta de que hubieran intentado sustituirlo, y el resto tampoco iba a olvidar que el cantante había intentado sin conseguirlo iniciar una carrera en solitario al margen de ellos. Y aún quedaban cosas por pasar. El 12 de agosto, Tyler le daría un golpe accidental a Perry con su pie de micrófono en un concierto en Wantagh, Nueva York, y cinco días después, en algo que no pareció casual, un golpe de Joe a Steven acabaría con este cayéndose del escenario. Pero el colmo fue que el cantante firmara sin avisar a sus compañeros de banda un contrato como miembro del jurado de American Idol, el 18 de agosto. Se trataba de un programa de búsqueda de nuevos talentos en el que Tyler compartiría tareas de juez ¡con Jennifer López! No parecía la mejor compañía para una estrella del rock, aunque ya estábamos acostumbrados a ello. El programa, además, no solo supuso un punto de fricción más con Perry, sino que llevó al grupo a tener que escoger Los Ángeles, lugar en el que se grababa, para registrar su próximo disco. En noviembre 2010, Joey Kramer declararía a *NME* que «realmente, en este momento, lo único que nos va a detener es si alguien muere. Aparte de eso, ya hemos pasado por lo que hemos pasado y pasamos la prueba del tiempo. ¿Qué más hay? (…) No hay problemas. Mis socios han sido citados erróneamente en sus declaraciones. La banda ni se ha separado ni hemos estado a punto de hacerlo. Llevamos cuarenta años de matrimonio».

Joe Perry visitando American Idol.

Música de dimensiones paralelas

El 29 de junio de 2017 Aerosmith visitaban el Auditorio Miguel Ríos de Madrid, y tres días más tarde actuaban en el Rock Fest de Barcelona. Lo hacen después de 20 años sin visitar la primera y siete sin visitar la segunda, dentro del llamado Aero-Vederci Baby Tour. En el momento de anunciarse se aseguró que sería una gira de más de tres años de duración con la que el grupo se despediría definitivamente de los escenarios. Pero para 2019 y 2020 cierran una residencia con 50 conciertos en el Park Theatre de Las Vegas, con lo que parece que los planes de retirada quedan aplazados. Aunque no hemos acabado con su recorrido, porque entre 2011 y las fechas citadas pasan cosas en las vidas de los cinco Aerosmith.

El grupo en el Barcelona Rock Fest.

En julio de 2011, Aerosmith entran en estudio para grabar su decimoquinto álbum. Habían avisado. En enero, Steven Tyler había declarado que Joe Perry le había pasado algunas ideas de canciones y que había empezado a trabajar en ellas. La maquinaria se pone en marcha y reservan los diversos estudios en los que grabarán lo que será *Music For Another Dimension*. Producido por la misma terna de productores que su disco anterior, a los que añaden a Warren Huart, recuperan ideas en las que ya habían trabajado desde 2006 y componen algunos nuevos temas. Eso sí, solo venden 63.000 copias en su primera semana. Una cifra que, aunque es inferior a todos sus discos anteriores, también debe ser puesta en consonancia a los tiempos que corren, en el que los programas de escucha en *streaming* como Spotify o la descarga ideal hacen mucho daño a la venta del formato físico. Además, las relaciones parecen mejorar, y mucho, entre ellos durante la grabación del álbum. El punto culminante de esa mejora se produce cuando el 22 de marzo de 2012, el mismísimo Joe Perry sorprende a Steven Tyler en American Idol apareciendo para cantarle el «Happy Birthday». Algo impensable tan solo unos años antes.

El primer single extraído del nuevo disco es «Legenday Child» que funciona como avance, el 23 de mayo, y también como forma de testear su recepción, aparentemente satisfactoria llegando por ejemplo al número 1 en Canadá. Un día antes de su fecha de lanzamiento oficial, el 6 de noviembre de 2012, la banda actúa frente a su antiguo apartamento en el 1325 de Commonwealth Avenue para celebrar la aparición de un disco que los llevará a programar el Global Warming Tour, la gira del calentamiento global, una serie de 82 conciertos por diversos lugares de Norteamérica, Oceanía, Asia, América Latina y Europa. Aunque si algo haría especial ilusión a Perry y Tyler en esas fechas sería su inclusión, el 19 de abril de 2013 en el Songwriters Hall of Fame. Se trataba del salón de la fama de los compositores, y su inclusión significaba el reconocimiento que siempre habían buscado como artistas totales y no como simples intérpretes. Mientras, la gira se combina con la participación de la banda en algunos actos benéficos, demostrando que la conciencia social ha vuelto a sus vidas. Aunque probablemente nunca se hubiera ido del todo, ya que Aerosmith había seguido ofreciendo, eso sí de manera muy puntual, su imagen y su música a diversas causas benéficas desde los noventa.

Actuando en favor de la solución de los problemas climáticos.

Hasta llegar al citado *Aero– Vederci Baby Tour*, Aerosmith realizan tres giras más. En 2014, y con Slash ejerciendo de telonero, el Let Rock Rule. Veinte conciertos concentrados solo en Estados Unidos y Canadá. En 2015, y otra vez solo por Norteamérica con la excepción de una fecha en Moscú, los 18 conciertos del Blue Army Tour. Y en 2016, básicamente por Sudamérica, los 1° conciertos del Rock And Rumble Tour ¿Y los discos? Un auténtico misterio. Desde ese *Music For Another Dimension*, Aerosmith no ha vuelto a publicar ningún LP. En 2014, Tom Hamilton declaraba que «no sé lo que estamos haciendo porque ya no tenemos un contrato discográfico. Veremos si los fans lo reclaman», aunque poco después su compañero Joe Perry admitiría en *Rolling Stone* que «no sé si tiene sentido hacer discos nuevos. Tal vez solo saquemos un EP cada seis meses. No sé cómo será nuestro futuro». El suyo, a corto plazo, sí que estaba claro, y en octubre de 2014 lanza su autobiografía, *Rocks: My Life in and Out of Aerosmith*. Steven Tyler había hecho lo propio en 2011 con *Does the Noise in My Head Bother You?*, una visión tan poliédrica de su vida y su carrera como su propia personalidad.

Curiosamente, Steven Tyler sí que aprovecharía este tiempo para publicar un disco en solitario. En un primer momento se dijo que se trataba de un álbum de música country, aunque luego con su lanzamiento se pudo comprobar que, si bien había algo de música de raíces, se trataba más bien de un trabajo de rock convencional. *We're All Somebody from Somewhere* (2016) tuvo una respuesta tibia y apenas alcanzó las 50.000 copias en Estados Unidos. Un año antes, Joe Perry se había embarcado en otro proyecto, un súper grupo con Alice Cooper y el actor Johnny Depp al que llamaron Hollywood Vampires con los que ya ha publicado dos discos.

Perry, Alice y Depp. Vampiros de Hollywood.

En el momento de escribir esta biografía, el grupo se encuentra realizando los conciertos de *Deuces Are Wild*, título que le han dado a su estancia como banda residente en Las Vegas, y que combinan con otros conciertos en otros lugares de los que el mismo *resort* que los tiene contratados tiene por el resto de Estados Unidos. Un final curioso y contradictorio para una banda que durante mucho tiempo representó lo opuesto a lo que supone la fastuosidad y la ostentación de Las Vegas, aunque con Aerosmith ni se supo del todo, ni se sabe, ni se sabrá como irán las cosas.

Vida fuera del grupo: The Joe Perry Project

Sorprendentemente, Joe Perry sería el primero de los Aerosmith en volar fuera del nido que suponía la banda. Y hablo de sorpresa porque, habitualmente, estas cosas suelen suceder con los cantantes antes que con cualquiera de los instrumentistas. Pero como ya hemos visto, Steven Tyler no debutaría en solitario hasta 2016 con el simplemente correcto *We're All Somebody from Somewhere*. También hemos apuntado en la parte biográfica de este volumen que Brad Whitford también tendría su escarceo fuera del grupo con el disco de *Whitford/St.Holmes* en 1981. Pero, sin duda, es el proyecto de Joe Perry en solitario el que más ha dado que hablar de cualquier miembro de Aerosmith en paralelo a la carrera junto a sus compañeros. Aunque la mayor parte del mismo se produjera en ese hiato de tiempo en el que Perry estaba fuera del grupo.

Para aquellos que lean este libro en el orden en que fue concebido quizá no sea necesario, pero aquellos que gusten de picotear de diferentes capítulos de manera desordenada en este tipo de guías puede que necesiten que recordemos en las siguientes líneas la salida de Joe Perry de Aerosmith. Una marcha que curiosamente provocó su propia compañía. Es cierto que en aquel momento, a finales de 1979, las relaciones entre el guitarrista y el cantante de Aerosmith eran insostenibles. Sus adicciones los estaban matando, sus mujeres se odiaban sin esconderlo, y no se entendían ni siquiera en el estudio donde directamente preferían ni encontrarse. Perry aún conservaba algo de profesionalidad y era capaz de mantener sus compromisos, pero Tyler brillaba por lo contrario y eso enervaba a su gemelo tóxico. Por eso Joe aprovechó que la compañía de discos le reclamó una cantidad de ochenta mil dólares que había gastado en un servicio de habitaciones de un hotel para intentar saldar su deuda con un disco en solitario. El nacimiento de The Joe Perry Project era un hecho. Eso sí, años después, el guitarrista mostraría sus dudas respecto a aquella decisión en *Ultimate Classic Guitar*. «Quizá no debí haberlo hecho. Les dije que bien, pero probablemente fue una estupidez. Había que arreglar las cosas, no hacer un disco en solitario. Nunca se habló mucho de lo que hice durante esos cinco años, más allá de que grabé tres discos y que mucha gente venía a verme tocar. Pero la prensa no me hizo mucho caso».

La otra cara visible de The Joe Perry Project era el cantante Ralph Morman. Con escasa experiencia en un grupo llamado Daddy Warbux, Morman había dejado el mundo de la música para dedicarse a la construcción. Antiguos conocidos, el tipo se acercó a Perry tras un concierto de Aerosmith en Miami y durante la charla le preguntó si conocía a algún grupo que buscara cantante, ya que quería retomar su afición. Joe no dudó en proponerle hacer una prueba para su propia banda. Ralph estaba dentro. A ellos se unieron dos desconocidos como David Hull al bajo y Ronnie Stewart a la batería. Y es que, en contra de lo que suele suceder cuando una gran estrella deja su banda y decide montar otra, las ofertas no llovían en el tejado de Joe Perry. El mundo del rock sabía que era un tipo conflictivo y que sus problemas con las drogas podían sacar de sus casillas al más tranquilo, así que tuvo que optar por músicos con poca experiencia en la élite, y eso acabaría siendo una buena noticia. El grupo se rodó con diversas actuaciones, antes de que Joe presentara su dimisión oficial a Aerosmith. La primera de ellas fue el 16 de noviembre de 1979 y, como en muchas, Perry ejercería de cantante en casi el cuarenta por ciento del repertorio. En él, junto a temas que acabarían formando parte de su primer disco tocarán versiones de Elvis Presley («Heartbreak Hotel»), Bobby Womack («It's All Over Now»), Bo Diddley («Pills») y Music Machine («Talk Talk»). Además no olvidarían el repertorio de Aerosmith recurriendo, entre otras, a «Same Old Song And Dance» o «Walk This Way». Rápidamente, por si la inspiración flojea, deciden meterse en el estudio y lo harán bajo la producción de Jack Douglas, habitual productor de Aerosmith y una de las decisiones más acertadas que tomaría Perry. Respecto al repertorio, además, no hay problemas. Joe tenía un montón de temas destinados a formar parte de *Night In The Ruts*, el sexto álbum de Aerosmith, así que tenían donde elegir. En diciembre de 1979, y tan solo en cinco días, graban todo lo que será la base del disco, algo que curiosamente hará dudar a CBS del proyecto. Si Aerosmith tardaban meses y a menudo se retrasaban en las grabaciones de sus discos ¿cómo podía Joe Perry entregar tan rápido uno? Antes ni siquiera de oírlo ya había dudas sobre él. Infundadas visto el resultado posterior. Porque tanto Joe como Jack Douglas se tomaron su tra-

Ralph Morman, la vida es más difícil para Joe sin Steven.

bajo como una forma de saldar cuentas pendientes. Ambos habían salido de manera poco amistosa de Aerosmith, el productor al ver como se prescindía de él sin que entendiera los motivos, y el guitarrista por una dimisión a la que él creía haber sido abocado. Así que tras una pequeña gira por clubes de medio y pequeño aforo, en menos de seis semanas acaban el álbum. Perry explicaba a *Creem* las razones para hacerlo de forma tan efectiva, «es que hice un buen trabajo de producción previo. Fuimos al estudio y tocamos en directo, sin gilipolleces. En vez de ir de fiesta como en Aerosmith estábamos allí para tocar». La boca de Tyler y sus compañeros todavía está dolorida de tamaño sopapo. Aunque no podemos llevar la contraria a Perry viendo *Let The Music Do the Talking*, publicado en marzo de 1980, poco más de un mes después de la dimisión oficial de Joe Perry como miembro de Aerosmith.

En solitario, como su proyecto, Joe Perry.

El disco se inicia con el tema que le da nombre y su impecable riff. Desde el primer momento vemos que vamos a echar a Steven Tyler de menos al micrófono, pero el trabajo de Ralph Morman es lo suficientemente digno como para que podamos fijarnos en otras cosas. Por ejemplo en que el grupo es dinámico, agresivo, mordaz, enérgico. Vamos, lo que esperábamos de Aerosmith y ya no parecían ser capaces de darnos. Tras ella encontramos «Conflict of Interest», un buen tema con Joe encargándose de la voz.

«Discount Dogs» muestra esa influencia del funk con la que habitualmente jugueteaba también Aerosmith, mientras que «Shooting Star» parece una toma perdida de algún disco del grupo. «Break Song» es puro deleite de los fans de Perry, y con «Rockin Train» vuelve la influencia de la música negra. «The Mist Is Rising» nos muestra una visión que hasta ahora no teníamos de The Joe Perry Project, un tema lento y oscuro con cierta influencia de The Doors. Con «Ready On The Firing Line» vuelve la energía y el cierre queda para «Life At A Glance», furiosa y desenfrenada. En conjunto un muy buen álbum que funcionó de manera notoria llegando a las 250.000 copias vendidas. Incluso el habitual crítico con Aerosmith en *Rolling Stone*, David Fricke, lo aprovecharía para darle estopa al grupo, «el grupo manifiesta todo el dinamismo del rock and roll que Aerosmith no consiguió con *Night In The Ruts*». Tanto es así, que en la propia crítica añadiría que si Steven hubiera cantado en el disco sería «el mejor trabajo que Aerosmith hubiera hecho nunca». Quizá una exageración, pero también una muestra de que, en la comparación, el debut de The Joe Perry Project le pasaba la mano por la cara al último disco de Aerosmith. ¿Y qué opinaba Joe de todo eso? Pues en contra de lo que pueda parecer, Perry tenía sus dudas. Aparentemente salir de la banda y conseguir hacer un disco de esa calidad era un triunfo para él. Pero no era capaz de verlo así. Porque Aerosmith era su banda, y él había hecho los temas para ella. Necesitaba autoconvencerse de que había hecho lo correcto, y así lo hizo. Tras un par de semanas de introspección apareció totalmente renovado, convencido de que estaba en el mejor momento de su carrera y de que nunca volvería a Aerosmith. En una entrevista a *Creem* incluso llegaría a declarar que «son mis canciones favoritas y Ralph las canta mejor que nadie». Así que de las dudas pasamos al entusiasmo desmesurado. «Creo que con este grupo puedo desarrollar en los ochenta lo que pensaba hacer con Aerosmith y no hice» acabaría asegurando en la citada entrevista. Incluso su relación con la que había sido su banda se suaviza y en cualquier entrevista solo tiene buenas palabras para ellos. La cosa llega a ser tan cómica que incluso llega a declarar en *Creem* que lo mejor que le había enseñado Steven Tyler en su tiempo juntos era ¡orden!.

Aunque las cosas iban a tardar poco en torcerse. En junio de 1980, Perry, en una contradictoria decisión, viendo su pasado y presente, decide despedir a Moman debido a sus problemas con el alcohol y a lo que asegura una «actitud impredecible». Para sustituirlo contratan a Joey Mala, ex Revolver, aunque apenas está unas semanas en la banda y también acaba siendo sustituido por Charlie Farren. Con él se meterán de nuevo en el estudio para grabar su segundo disco, *I've Got the Rock'n'Rolls Again*. Y aquí las cosas ya no irán tan bien. Porque sin ser un mal trabajo, y teniendo buenos momentos de ese boogie rock marca de la casa de Perry, no llegará a la energía y, lo que es peor, a los resultados de su debut. Incluso dos temas como «Listen To The Rock» y «East Coast, West Coast» son recuperados de Balloon, la banda anterior de Farren. Además, Jack Douglas ya no está en la producción, de la que ha pasado a encargarse Bruce Botnick, el productor de *L.A. Woman* de The Doors. Un buen profesional, pero que no entiende a Perry como Douglas.

¿Y qué pasa cuando las ventas de un disco no son las esperadas? Pues que la compañía te pone de patitas en la calle. Y eso es lo que hizo Columbia con The Joe Perry Project, cancelar su contrato. Joe Perry no lo entiende. Él creía que el disco era bueno y no puede concebir las escasas ventas, aunque vuelve a convencerse a sí mismo de que le importan poco. Él prefiere tocar lo que quiera y en pequeños escenarios, antes que entrar en giras mastodónticas donde no puede dejar fluir sus inquietudes artísticas. Que Brad Whitford se incorpore durante 1982 a algunos shows de The Joe Perry Project algo que repetirá en el futuro es, además, una motivación extra para él. Allí está uno de sus viejos amigos tocando a su lado, y eso es importante. Así que cuando RCA le propone grabar un disco con ellos, no lo duda. El resultado será *Once A Rocker Always A Rocker*, sin duda el más flojo de los tres álbumes. En él Joe se acerca al glam e incluso graba una versión del «Bang A Gong» de Marc Bolan, pero la cosa ha perdido enjundia. El grupo ya no se parece en nada al primer proyecto, con Mach Bell a la voz, Danny Hargrove al bajo y Joe Pet a la batería, pero es que las canciones han perdido mucha pegada y eso el público no lo encaja bien. 40.000 humildes copias se despacharán del álbum, en un segundo fracaso que supondrá el final de la banda y del proyecto. Ya conocemos el final – y si no como en los libros de *Elige Tu Propia Aventura* diríjanse al capítulo biográfico– y cómo Joe Perry y Brad Whitford regresarían a Aerosmith para no irse nunca más. Eso sí, Joe iba a tener, aunque fueran muchos años después otra aventura fuera del grupo.

En 2015, el guitarrista integra junto a Alice Cooper, en cuya banda estuvo a punto de recalar cuando dejó Aerosmith, y su amigo el actor Johnny Depp el supergrupo Hollywood Vampires. Su objetivo es rendir tributo a la música de los setenta y debutan el 11 de septiembre de 2015 con un disco en el que participan, entre otros, Paul McCartney, Robbie Krieger, Slash o Dave Grohl. El álbum incluye versiones de Led Zeppelin, The Who, Badfinger, Small Faces o Spirit junto a tres temas nuevos, entre los que destaca «The

Last Vampire» con la voz del mismísimo Christopher Lee, célebre por su interpretación del Conde Drácula. El grupo, convertido habitualmente en una convención de amigos, presenta su disco en conciertos por todo el país en los que les acompañan gente como Brad Whitford, Matt Sorum, Duff McKagan o Tommy Henriksen. Comercialmente la cosa funciona bastante bien, y deciden emplazarse para un nuevo trabajo cuando sus compromisos respectivos, sea en sus bandas o en sus películas, así lo permitan. Eso ocurrirá en 2019 y el fruto será *Rise*, segundo disco de Hollywood Vampires. Un trabajo que destaca, sobre todo, por la mayor cantidad de temas propios ya que solo incluye tres versiones, en este caso de David Bowie, Jim Carroll y Johnny Thunders.

Con Aerosmith como grupo residente en un complejo en Las Vegas y el proyecto de Hollywood Vampires asentado como divertimento, parece que Joe Perry tendrá suficiente para saciar sus ansias de escenarios. Aunque con Perry nunca se sabe, y a estas alturas descartar que se pueda meter en algún otro fregado musical es, como mínimo, muy arriesgado. El tiempo dirá.

Influencias:
De nombres varios y sus malditas majestades

Tú por mí...

La posibilidad que tiene una persona o un grupo de alterar o condicionar el comportamiento ajeno es lo que conocemos como influencia. Pero esta tiene muchas formas de reflejarse. Influir o ser influido, esa es muchas veces la cuestión. Y en entenderlo está buena parte del secreto de algunos de los grandes nombres de la historia del rock and roll. La influencia es algo contra lo que no se puede, y si se me permite ni se debe, luchar. Todos somos hijos de alguien. Y como la música no es una excepción, las canciones de Aerosmith tampoco lo son. Desde su formación, Steven Tyler, Joe Perry y compañía tuvieron claro que querían ser la respuesta norteamericana al claro dominio inglés en el mundo del rock and roll. Bandas que estaban dominando el cotarro, pero a las que, por otro lado, admiraban enormemente. De hecho, como declararía a *Rolling Stone*, Steven Tyler recordó a sus héroes las primeras veces en que sus fans le pedían un autógrafo: «Todavía recuerdo cuando la gente comenzó a venir y pedir nuestros autógrafos. ¿Quieres mi autógrafo? Me estaba pasando lo mismo que a mis ídolos. Estaba colgado de los Stones y los Kinks. Dave Davies fue mi héroe».

Tres bandas de la *British Invasion* influyeron de manera notoria en los primeros pasos de Aerosmith. La primera de ellas fueron The Beatles, y en este caso, la devoción por los de Liverpool se concentra en Steven Tyler. El cantante siempre ha mostrado su devoción por el grupo y no ha dudado en ponerlos por las nubes en numerosas ocasiones. Por ello, uno de los grandes momentos de su carrera se dio cuando el verano del cercano 2019 Paul Mc-

Tyler junto a su gran ídolo, sir Paul McCartney.

Cartney invitó al cantante a su concierto en Las Vegas a tocar con él «Helter Skelter», canción que en 1994 Aerosmith incluía en *Pandora's Toys*. También The Kinks fueron una influencia brutal para la banda. Joe Perry amaba el trabajo de guitarra de los hermanos Davies y, como hemos visto hace unas líneas, Tyler no dudaba en considerar a Dave Davies como su ídolo. Aunque probablemente donde encontremos la mayor influencia de Aerosmith sea, para su desgracia en muchas ocasiones, en Rolling Stones. No es que ser influido por sus satánicas majestades sea negativo. En absoluto. Más bien al contrario. Pero Tyler y Perry tuvieron que sufrir en sus carnes las acusaciones de copia respecto a Mick Jagger y Keith Richards, no solo por formar como ellos un dúo compositivo, sino también por su evidente parecido físico, su forma de moverse, su forma de vestir, e incluso su gamberrismo exacerbado.

¿Es Steven o es Mick Jagger?

Como apunta Mark Putterford en *Caída y Auge de Aerosmith*, «se parecían a los Stones, pero no estaban dispuestos a esforzarse para parecer una cosa distinta. De cualquier modo, musicalmente estaban más en la línea de The Yardbirds, Cream y Led Zeppelin». Una afirmación acertadísima, tal y como reconocería el propio Steven Tyler visiblemente, molesto en *Trouse Press*. «Todo el mundo que dice que soy un imitador de Mick Jagger porque me parezco un poco a él demuestra no ser muy inteligente. Joe se parece un poco a Keith Richards ¿Se supone que tenemos que hacernos la cirugía plástica?». Menos sarcástico, pero en la misma línea contestaba a la misma cuestión en la revista *Circus*. «Por supuesto que Jagger me ha influido ¿a quién no? Cuando me pongo ahí en frente del público, me muevo como me tengo que mover, y no puedo evitar tener los labios gordos». Esa sinceridad no haría que la prensa fuera menos agresiva, ni al principio ni durante su carrera y muchos empezaron a denominar a Tyler y Perry *«Rolling Stones ripoff band»* (algo así como estafadores o banda fraude de los Rolling Stones). Seguramente harto de esos injustos adjetivos, Joey Kramer salió en defensa de sus compañeros y de su banda en sí cuando en 2017 acabó declarando en *Ultimate Classic Rock* que «en cuanto se refiere a tocar en directo, nadie puede alcanzar a Aerosmith, ni siquiera The Rolling Stones. En primer lugar, no hay otra banda que haya estado activa casi 50 años y que todavía tenga a los cinco chicos originales. Todo el mundo siempre alaba a los Stones, diciendo que si los Stones tal, que si los Stones cual... Los Stones no son la banda original y no me importan. Creo que, si vienen a ver un concierto de Aerosmith, la gente se dará cuenta de que tocamos mucho mejor que ellos, porque ellos no son tan buenos en directo». Unas declaraciones que suenan a algo así como «deja de tocarme las narices con el temita cincuenta años después».

Tirando del hilo, es evidente que, si Aerosmith profesaban su pasión por las tres bandas citadas, hacían lo mismo respecto a las influencias de estas. Así, nombres como los de Chuck Berry, Bo Diddley, Sonny Boy Williamson II o Little Walter están entre las preferencias que unifican los gustos de todos los miembros de la banda. Eso implica, también, que esos gustos no se quedaron en *bluesmen* o artistas de rock and roll primigenio, sino en contemporáneos que habían bebido de sus mismas influencias. Grupos que admiraban pero que, como hemos visto, veían como competencia directa. Y ahí entraban Cream, Led Zeppelin y The Yardbirds. Como diría Juanjo Ordás, en un artículo para *Efe Eme*, «la idea de Aerosmith siempre fue la de responder a las grandes bandas inglesas, aquellas que tanto les gustaban. Grupos de sonidos hercúleos como Cream, Led Zeppelin o Yardbirds influyeron en una mezcolanza que también contaba con los citados Stones, los Beatles y el blues yanqui entre sus ingredientes. Respecto a Tyler, es indudable que Jagger era un referente a nivel musical y generacional, pero en su caso también pesaba la influencia de iconos como James Brown o de Little Richard». Algo que David Fricke también definiría de manera perfecta en las páginas de *Rolling Stone* al hablar en un artículo de 2011 sobre la forma de cantar de Tyler, «puede irrumpir en la canción en cualquier momento para incidir en un punto musical en concreto: ya sea un viejo sencillo de los Four Tops, una oscura pista de los Kinks, o casi cualquier cosa que haya escrito y cantado con Aerosmith. Tyler es un imitador brillante, puede hacer cualquier cosa, desde la voz del oso Yogui hasta la línea de guitarra de Jeff Beck en el "Over Under Sideways Down" de Yardbirds». Y es que Beck y su grupo son uno de los combos más admirados por todos los miembros de Aerosmith. El grupo del que salieron tres de los grandes guitarristas de la historia como el propio

Jeff Beck, de profesión guitar hero.

Beck, Jimmy Page o Eric Clapton siempre ocupará un lugar destacado entre los favoritos de los Aerosmith. Steven Tyler pudo ver al grupo británico en 1966, en Connecticut, con Page encargándose de la guitarra principal y Beck del bajo. De hecho, en aquella gira, el cantante consiguió telonear a sus ídolos al frente de su grupo de entonces, Chain Reaction. «Hicieron "Shapes of Things" y "Beck's Boogie", entre otras canciones. Estaba tan asombrado... Tocaron como ninguna otra banda. No les preocupaba la ropa, la apariencia o el lucimiento individual. Hicieron cosas con armónicos (tercios y quintos menores) que crearon este sonido etéreo y monstruoso» aseguraría para el semanario *Rock Paste*. De hecho, una de las grandes anécdotas de la carrera de Tyler es que el muchacho se empeñó en ayudar a los ingleses a cargar su equipo en la furgoneta y durante mucho tiempo se rumoreó que había trabajado como *roadie* del grupo, algo totalmente falso. La influencia de la banda en la música de los de Boston es tan grande que Tyler no dudaría en reconocer que «la pena es que yo sé lo geniales que fueron los Yardbirds, pero no creo que el resto de gente lo sepa. La música de Yardbirds es una mina de oro que espera ser encontrada. Aerosmith lo hizo, porque crecimos en esa época. El riff en "Walk This Way" es solo una forma de tratar de explorar el blues de la forma en que lo hacían los Yardbirds».

Como hemos indicado, por los Yardbirds también pasó Eric Clapton, y sus Cream es otro de los grupos que más admiraban en el seno de Aerosmith. La manera de entender el blues rock del *power* trío integrado por Clapton, Jack Bruce y Ginger Baker era un absoluto referente para Aerosmith, y por ello, que el productor de su primer disco fuera Adrian Barber, ingeniero de sonido de *Goodbye*, álbum de despedida del trío, fue para ellos todo un hito. Y luego estaban Led Zeppelin.

En 1995, Steven Tyler fue el escogido para presentar en el Rock and Roll Hall of Fame a Led Zeppelin, adornando su discurso con una serie de anécdotas. Una de ellas simplemente explicaba como Page y su grupo acabaron con todas las canciones de su primer disco sin que el público tuviera suficiente. Un público entre el que estaba Tyler, y que obligó a los británicos a tirar de versiones para alargar la noche, sin que nunca pareciera que la gente fuera a quedar satisfecha la siguiente, mucho más hilarante es mejor conocerla en palabras del propio Steven. «Fue una hora más tarde de aquel concierto cuando Jimmy Page apareció en el vestuario con una chica muy guapa del brazo. Aquello no me hubiera impresionado si no fuese porque aquella chica era mi novia y vivía conmigo en ese momento. Enseguida tuve una visión de cómo tiraría toda su ropa por la ventana de la calle 21. Pero Jimmy era tan jodidamente impresionante en el escenario que no pude estar mucho tiempo enfadado con él». Y en 2010 saltaba la noticia. Led Zeppelin podían reunirse con Jason Bonham, hijo de John Bonham sustituyendo a su desparecido padre a la batería, y ante la negativa de Robert Plant a hacerlo, el candidato a ocupar su puesto era Steven Tyler. El cantante llegó incluso a hacer una audición, pero como él mismo confesaría un año después, «hablé con el mánager de Jimmy Page, Peter Mench, que ha sido un buen amigo mío desde siempre. Dijo que Robert no volvería a tocar con ellos, y que si querría ir a cantar con los muchachos. Fui y canté. Llegó el momento en que [Jimmy] dijo, '¿Quieres hacer un disco conmigo?'. Y dije, 'No'. Estoy en Aero-

Jimmy Page, el martillo de los dioses.

smith. Él está en la banda más grande del mundo y yo estoy en una banda similar. Le guardo lealtad a mi banda y la quiero mucho». No es casual que se pensara en el cantante de Aerosmith como sustituto de Plant. Como ya hemos apuntado, desde el primer momento Aerosmith fue considerado la respuesta norteamericana al zepelín de plomo pero la admiración podía más que el espíritu competitivo. En 2007, Joe Perry declararía en *Rolling Stone* que «aprendimos el sonido arena-rock de sus discos. Jimmy Page era muy joven cuando hicieron su primer disco, pero había pasado tanto tiempo en el estudio que lo tuvo todo planeado en su cabeza. Era como Eisenhower mirando la playa de Normandía».

...y yo por ti

Pero si bien las influencias de una banda son un elemento esencial para entender su presente y su futuro, analizar a quién han influido se convierte en la clave para entender su pervivencia como parte de la historia. Y grupos influidos por nuestros queridos gemelos tóxicos hay unos cuantos. La huella de Aerosmith es muy evidente en la generación de bandas de hard rock y heavy metal que empiezan a aparecer tras ellos. Así a nombres mayores como Mötley Crüe, Guns n'Roses, L.A. Guns, o Cinderella tenemos que añadir otras bandas de menor calado mediático, pero no por ello menos destacables como Quireboys, Skid Row o Extreme, oriundos de Boston, como ellos. Su legado ha llegaría hasta finales de siglo, y grupos como The Black Crowes, Velvet Revolver, Nirvana, Pearl Jam o Stone Temple Pilots también se declararían en uno u otro momento fans de las canciones de Aerosmith. Incluso Metallica lo han hecho en más de una ocasión. Pero vayamos por partes.

Mediados los ochenta, Greg Steele, miembro fundador de Faster Pussycat declaraba: «Aerosmith son los culpables de todo lo que está sucediendo en Los Ángeles en este momento». Y visto con perspectiva, la cosa no solo no era exagerada, sino que podríamos ampliarlo a buena parte del rock en Norteamérica. Sin ir más lejos, Mötley Crüe. El grupo integrado por Nikki Six, Vince Neil, Tommy Lee y Mick Mars a principios de los ochenta no han ocultado nunca su devoción por Steven Tyler y los suyos. Six, por ejemplo, reconocería en *Los Trapos Sucios*, la autobiografía de los Crüe, que «Aerosmith fue probablemente mi mayor influencia musical. He tocado pequeñas piezas de Aerosmith todo el tiempo, y probablemente siempre lo haré. En

Somos los Mötley Crüe...

mi opinión, esa banda no puede hacer nada malo». Para acabar añadiendo que «mis bandas favoritas siempre fueron Aerosmith y KISS, grupos norteamericanos que no tocaban canciones de diez minutos. Cuando tenía 14 años, escuché a Aerosmith... Yo era un chico típico fan del rock 'n' roll en los años setenta. El rock clásico proviene del blues. Siendo una banda moderna, no tuve la oportunidad de crecer con los Yardbirds y cosas así. Aerosmith y Led Zeppelin, crecimos con ellos». Pero no es el único de la banda en ser tan rotundo. Tommy Lee asegura que «Aerosmith es uno de mis grupos favoritos de todos los tiempos», mientras que Mick Mars afirmaría que «todos crecimos escuchando a Aerosmith y a los Stones, así que, naturalmente, eso se derrama en nuestra música». Curiosamente esa relación entre las bandas ha llegado a lo personal, algo que se desvela también en las páginas de *Los Trapos Sucios*. Ambos grupos coincidieron en el mismo estudio grabando, *Pump* nuestros protagonistas y Dr. Feelgood los angelinos. Lo hicieron en los Little Mountain Sound Studio de Vancouver, el primer semestre de 1989. Tyler y Sixx compartían terapeuta en un intento de dejar atrás sus muchas adicciones y, para colmo, ¡salían a hacer footing juntos! Hilarante.

Metallica es otra de las bandas que reconocen a Aerosmith entre sus influencias. No en vano, James Hetfield, su cantante, asegura que el primer concierto al que acudió en su vida fue el de Aerosmith con AC/DC en el Long Beach Arena, California, en 1978. Seguidores de la manera de entender la música del grupo, Metallica acudió en 2002 a los Sony Picture Studios en Culver City, California, para participar en el programa de la *MTV, Icon*, en el que se rendía tributo a Aerosmith. Lars Ulrich, batería del grupo, declaró que estaban allí para demostrar «lo que Aerosmith significa y han significado para nosotros, como banda y como personas». Lars quiso incidir no solo en la parte musical, sino también en la parte humana explicando una historia personal. El batería relató como en 1993 un amigo suyo, fanático de la carrera de Steven Tyler, se estaba muriendo de SIDA, así que decidió llamar al cantante, al que solo había visto un par de veces para contárselo. Tyler no solo llamó al enfermo, sino que lo vio varias veces antes de su muerte, algo por lo que Lars le estaría siempre agradecido. Pero el programa tiene más valor aún si cabe al tratarse de la reaparición en público de James Hetfield tras un período ingresado en una clínica de rehabilitación. El músico reconoció estar nervioso ante la audiencia, pero también que necesitaba estar allí porque Aerosmith había sido una banda esencial para él, una inspiración única, y un soporte en tiempos difíciles.

La banda de hard rock Ratt publicaba en 1978 su primer disco, *Out Of The Cellar*, del que su cantante Stephen Pearcy declararía años después que «nunca negamos que una banda como Aerosmith fue una gran influencia en nuestro primer álbum...», algo muy parecido a lo que declararían L.A. Guns en palabras de su guitarrista Tracii Guns. Muy relacionados con estos últimos estaban otros de los más notorios fans de Aerosmith, los mismísimos Guns n'Roses. En 1986, Axl, Slash, Izzy, Duff y Steven publicarían su primer EP que se cerraba ¡con una versión de «Mama Kin»! Axl Rose diría que «ellos son la tradición con la que crecí. Eran la única banda que las personas que vivían en mi ciudad en Indiana aceptaban que usaran maquillaje y se vistieran bien. Estas personas pensaban que los Stones eran maricones, pero no Aerosmith... Estamos influenciados por ellos... ». Por su parte, Izzy Stradlin siempre ha señalado el trabajo en las guitarras de Joe Perry y Brad Whitford como su principal referencia a la hora de trabajar con su compañero Slash. «Aerosmith fue el principal referente en ese estilo de dos guitarras. Desde su primer álbum hay excelentes cosas de guitarra. Así entendimos que puedes conseguir algunas cosas magníficas con dos guitarras». Pero ¿qué tiene que decir el mismo Slash? Pues mucho, por algo el guitarrista dedicó una parte de su carrera a conseguir y coleccionar las guitarras que tocaba Joe Perry. Y por eso vale la pena transcribir sus declaraciones completas a *Rolling Stone*. «No creo que esta generación tenga idea de lo que es Aerosmith. Pero ellos fueron la guía para lo que hago, así como para muchas bandas que vinieron después de Guns n'Roses como Soundgarden, Nirvana, Alice In Chains y

Slash, sin su habitual sombrero.

Pearl Jam. Todos tienen una seria deuda con la escuela de Aerosmith. Mi gran despertar ocurrió cuando tenía catorce años. Había estado tratando de meterme en los pantalones de una chica mayor por un tiempo, y finalmente me dejó ir a su casa. Pasamos el rato, fumamos un poco de marihuana y escuchamos *Rocks* de Aerosmith. Me golpeó como una puta tonelada de ladrillos. Me senté allí escuchándolo una y otra vez, y pasé de esa chica. Recuerdo conducir mi bicicleta de regreso a la casa de mi abuela sabiendo que mi vida había cambiado. Allí me identificaba con algo. La clave de *Rocks* son las dos primeras canciones: «Back in the Saddle» y «Last Child». Esa combinación me arrancó la cabeza. Pero mi canción favorita en el disco siempre ha sido «Nobody's Fault», que es la segunda canción de la cara B. Aerosmith tenía un ambiente agresivo, psicótico y drogado, pero al mismo tiempo tenían algo de los Stones y el blues. No había nada más genial que Aerosmith en América en ese momento. ¿Qué más había allí? ¿Foghat? Cuando estaba aprendiendo a tocar la guitarra, Aerosmith me dio el empujón. Me identifiqué con la imagen de Joe Perry, tanto visual como sonoramente. Era aerodinámico de una manera que me recordaba a Keith Richards, siempre estaba malgastado y tenía un estilo de guitarra descuidado que era realmente genial. Pero también estaba totalmente interesado en los solos de guitarra de Brad Whitford, y él tuvo una influencia más directa en mi forma de tocar de lo que nadie se da cuenta. Además, cualquiera que cante tiene que haberse parado en Steven Tyler. Mi primer concierto de Aerosmith fue en 1978. Tocaban en un festival con Van Halen; eran increíblemente ruidosos y apenas reconocí una nota, pero seguía siendo la cosa más molesta que había visto en mi vida. Poco después se separaron, lo que para mí marcó el final del rock de los setenta. La siguiente vez que los vi fue cuando volvieron a estar juntos seis años después, y fueron increíbles. Cuando Aerosmith está en el escenario, son sólidos como una roca. No mucho después de eso, se pidió a Guns n 'Roses que abriera para Aerosmith en la gira de Permanent Vacation. Fuimos a la habitación del hotel de su gerente, y mientras él estaba en el baño, pedimos 1.500 dólares de servicio a la habitación y destrozamos el lugar. Pero deben querernos mucho, porque de todos modos pagaron la factura y nos llevamos bien desde entonces».

Tesla, Cinderella, Great White, Bulletboys, The Black Crowes o Warrant son algunas de las bandas que públicamente han manifestado su devoción por Aerosmith, aunque nada mejor que el repaso a unas cuantas versiones para demostrarlo.

ooo

Mama Kin - Guns n'Roses (1986)

Canción también incluida en un juego, en este caso *Guitar Hero*. Ya hemos hablado anteriormente de esta versión y de la devoción de Guns n'Roses por «Mama Kin», hecho que llevó al grupo a incluir el tema no solo en el EP *Live ?!*@ Like a Suicide*, sino también luego en su disco de 1988 *Lies*. En el citado EP, Axl presenta la canción como «un tema sobre tu puta madre» que Paul Elliott en *Classic Rock* define como «una revisión perfecta». Respecto a ese comentario, el periodista Mikel Adano escribiría en su blog personal que «no es exactamente el tipo de cosas que disfrutan los padres, pero es una canción asesina. «Mama Kin» introdujo a muchos jóvenes en los clásicos de Aerosmith por primera vez». Otro grupo angelino, Buckcherry, realizaría su versión de «Mama Kin» en 2014 para su EP titulado *Fuck*.

ooo

Toys In The Attic - R.E.M. (1987)

Aunque bandas de metal como Warrant han realizado buenas revisiones de esta canción que daba título al tercer disco de Aerosmith, hemos de detenernos obligatoriamente en *Dead Letter Office* de R.E.M. para revisar una de las más personales versiones que probablemente nunca se haya hecho de un tema de Aerosmith. No en vano, Brad Whitford declararía en las páginas de *Spin* que «fue una verdadera sorpresa. No lo supimos hasta que estuvo lanzada. Fue realmente genial que decidieran hacer eso». El grupo de Athens la llevaría totalmente a su terreno y le quitaría toda la agresividad al tema, en algo destacable. Y es que para oír la original ya tenemos a Aerosmith. R.E.M. aportan algo en un tema aparecido originalmente como cara B del single de «Fall On Me». Una visión renovada de una canción que, en su momento, no acabó de convencer a muchos críticos. Ellos, por su parte, se muestran orgullosos del resultado. Porque, tal y como apuntaba el guitarrista Peter Buck en las notas del disco, «si creciste en los setenta tenía que gustarte Aerosmith. Y siempre es divertido tocar (sus canciones) en vivo».

ooo

Walk This Way - Hank Williams Jr. (1992)

La célebre canción escrita por Steven Tyler y Joe Perry para *Toys in the Attic* es una de las canciones más versionadas de toda la carrera de Aerosmith. El tema hasta ha llegado a ser incluido en una de las versiones del célebre juego *Just Dance*. También es sobradamente conocida la interpretación que Bon Jovi hacía junto a sus autores en los conciertos que formaron parte de la gira del disco de estos *New Jersey*. Pero que la música de Aerosmith ha trascendido fronteras lo vemos en revisiones como la que Hank Williams Jr. incluyó en su box set *The Bocephus Box*. Hijo del pionero del country Hank Williams, y padre de Hank III, el de Luisiana pasó de un country más tradicional a una mezcla con el rock más comercial que no hizo nada de gracia a sus seguidores iniciales. A punto de morir en 1975 tras una caída en la montaña, Williams siempre ha reconocido que la música de Aerosmith fue esencial para él durante su recuperación. En 1992 publica una *The Bocephus Box*, una caja recopilatoria con canciones grabadas entre 1979 y el momento de su edición y, entre las muchas versiones incluidas, encontramos su versión de «Walk This Way». Bastante fiel a la grabada por Aerosmith, eso hace que no podamos dejar de destacar por su originalidad también la versión que Macy Gray incluyó en su *The Very Best* de 2004 convirtiendo la canción en un hit bailable con elementos de música electrónica.

The Fever - Garth Brooks (1995)

Garth Brooks fue la gran estrella norteamericana de la música country en los noventa. Nadie podía hacer forma a su concepción rock de un estilo habitualmente anclado en el tradicionalismo. Su forma de pensar sus conciertos como si estuviéramos a punto de ver a KISS (una de sus bandas favoritas) probablemente no encajaba con la forma de pensar del americano de a pie. Pero se comió el mundo. En 1995, tras el éxito de sus discos anteriores y demasiado tiempo sin sacar un disco – dos años– la compañía discográfica le obliga a publicar a toda leche *Fresh Horses* que, por supuesto, no tardará en copar los primeros puestos de las listas convirtiéndose en séptuple platino en su país. Y allí encontramos su revisión de este tema que Aerosmith había incluido en *Get a Grip*, tan solo un par de años antes. La versión no es ciertamente inspirada, convirtiendo el tema en un simple country rock acelerado, pero que alguien como Brooks recurriera a Aerosmith en los noventa es toda una noticia.

Bright Light Fright - Five Horse Johnson (2000)

Quizá una de las versiones más sorprendentes de un tema de Aerosmith, y que a la vez podría competir de tú a tú con el «Toys in the Attic» de R.E.M. como mejor *cover* de una canción del grupo. Fue incluido incomprensiblemente en un tributo que la escena del stoner rock quiso rendir a Aerosmith en 2000 con el título de *Right in the Nuts: A Tribute to Aerosmith*. Y, curiosamente y aun no encajando con el resto de grupos del recopilatorio, su interpretación es de lo más destacable del mismo. La armónica de Eric Oblander escupe fuego literalmente en una muestra de cómo encarar una versión. El tema original, por cierto, estaba incluido en *Draw the Line*, quinto disco de Aerosmith, y su elección demuestra el gran conocimiento y respeto que Five Horse Johnson profesan por nuestros protagonistas.

ooo

No More, No More – Velvet Revolver (2004)

Scott Weiland, cantante de Stone Temple Pilots, siempre se había mostrado como un fiel seguidor de la carrera de Aerosmith. Por ello, no es extraño que cuando decidió unirse a los Guns n'Roses Slash, Duff McKagan y Matt Sorum, para formar el súper grupo Velvet Revolver, lo primero que hicieran fuera ensayar una canción de la banda. La elegida fue una pieza de *Toys in the Attic*, el disco favorito de Weiland y también de Slash. El grupo no la incluyó en un primer momento en la edición de su disco de debut, *Contraband*, pero sí en la reedición de este para su gira de 2005 junto a otra versión, en este caso del «Surrender» de Cheap Trick.

ooo

Nobody's Fault – L.A. Guns (2004)

En *Rocks* (1976) encontramos esta canción que, a pesar de no ser ninguno de los singles publicados del disco sí se convirtió con el tiempo en una de las favoritas de su público. En *Classic Rock* podemos leer que «la mejor canción del álbum es «Nobody's Fault», una gran canción con un gancho fantástico y letras poéticas (aunque apocalípticas). Co-escrita por Brad Whitford, esta es una canción pesada, casi de metal, que utiliza analogías gruesas para contar una fatalidad inevitable. Varios miembros de la banda han citado esta canción como una de sus favoritas». Quizá por ello se ha convertido en una de las canciones más versionadas de Aerosmith. Testament la incluyeron en 1989 en su disco *The New Order*, los sureños Jackyl hicieron lo propio en *Stayin'Alive*, L.A. Guns en *Rips the Covers*, álbum de versiones, y Vince Neil, cantante de Mötley Crüe en su disco en solitario *Tattoos & Tequila*.

ooo

Seasons of Wither – Tesla (2007)

En 2007, Tesla sacó dos discos de versiones bajo el título de *Real to Reel*. En el segundo de esos volúmenes, aparecido el 25 de septiembre y junto a canciones de Mott the Hoople, Bad Company, ZZ Top, Black Sabbath o Lynyrd Skynyrd se encuentra «Seasons of Wither». El tema original lo encontramos en el segundo disco de Aerosmith, *Get Your Wings*, y se trata de la clásica *power ballad* que acabaría siendo una de las señas de identidad de los de Boston. Tesla decidieron rendir homenaje con su versión a uno de sus grupos favoritos en un disco que, en un principio, solo iba a estar disponible en los conciertos de la banda y en una pequeña edición para sus lectores de la revista *Classic Rock*, aunque acabaría comercializándose de manera convencional. Jeff Keith, cantante del grupo, afirmaría en una entrevista en la misma revista que «Aerosmith fue una de mis grandes influencias. Lo fue en mi juventud y lo siguen siendo. Son un grupo enorme, y sus discos marcaron a todos aquellos que de una manera u otra estábamos metidos en el mundo de la música».

ooo

Rats in the Cellar - Skid Row (2014)

«La otra versión es del "Rats in the Cellar" de Aerosmith, todo un clásico de los de Tyler que suena incluso más acelerada y rápida que la original. El tramo final es de locura guitarrera y te pega un subidón importante.» Estas son las palabras que se pueden leer en *El Portal del Metal* sobre la versión que Skid Row incluye en *Rise of the Damnation Army – United World Rebellion: Chapter Two*, un mini LP de Skid Row publicado en 2014. Su cantante, Sebastian Bach, reconocía en *Consequence of Sound* que «éramos muy, muy jóvenes cuando hicimos una gira con Bon Jovi. Tenía 19 o 20 años, y no era mucho mayor cuando lo hicimos con Aerosmith. Pero aprendimos a la vieja usanza de ellos, en cuanto a ser músicos que tocan todas las noches».

ooo

Lord of The Thighs - Danzig (2015)

Más canciones de juegos. Este tema de *Get Your Wings* puede oírse en su versión original en los juegos *Grand Theft Auto IV*, *Grand Theft Auto IV: The Lost and Damned* y *Grand Theft Auto: The Ballad of Gay Tony*. Aunque existe una interesantísima versión de la canción a cargo de The Breeders, en este caso hemos querido destacar la interpretación incluida en *Skeletons*, disco de la banda de metal Danzig. Sobre ella, Jeremy Ulrey escribe para *Metal*

Injection: «los héroes de las bandas de bar alcanzan un punto culminante en una versión de «Lord of the Thighs» de Aerosmith, que todavía suena como mierda y arenas movedizas compitiendo por la supremacía de sedimentos en una inmersión de siete capas, pero al menos Glenn se luce bastante en la canción. Si la elección del tema no parece inspirada, sin embargo, es una de las pocas veces que el hombre parece haber recuperado parte de esa electricidad de la vieja escuela».

Una canción esencial:
«Walk This Way», la creación de un género

La historia de la música rock está llena de canciones esenciales. Temas que, por un motivo u otro, marcan un camino, señalan una generación, modifican un estilo, recuperan una carrera perdida...Canciones atemporales destinadas a tener un lugar destacado en la historia de la música popular del siglo XX y XXI. *Rolling Stone*, revista de cabecera fundada por Jann Wenner en 1967, intentó reunir en 2004, mediante una lista, las que en opinión de 172 de sus colaboradores eran las 500 mejores canciones de todos los tiempos. Una relación, como todas las de este tipo, tremendamente subjetiva, por muchos críticos que participaran en su confección, aunque menos, claro está, que si se hubiera encargado de la realización de la misma a una sola persona. Entra las curiosidades del resultado final se encuentra el hecho de que hay tres canciones que aparecen en dos ocasiones. «Blue Suede Shoes» escrita por Carl Perkins ocupa en la versión original de su autor el puesto 95 de la lista, y en la versión de Elvis Presley el puesto 423. «Mr Tambourine Man» ocupa el 106 en la original de Bob Dylan y el 79 en la revisión de The Byrds. Y «Walk This Way» se queda con el puesto 336 en la versión que Aerosmith incluyó en *Toys In The Attic* y con el 287 en la versión de Run DMC. Aunque este último puesto tiene truco. Porque como ya sabemos y ahora desarrollaremos algo más, Aerosmith participan activamente en la grabación de Run DMC, lo que los convierte en el único grupo en tener una canción en la lista y que su reedición, años más tarde, también aparezca. Además, y siguiendo el inventario de *Rolling Stone*, «Walk This Way» es una de las tres canciones de los de Boston incluidas, junto a «Dream On» en el lugar 172 y «Sweet Emotion» en el 408. Un tema, «Walk This Way», que Emilio de Gorgot resume en pocas palabras en *Jot Down*: «Una de las grandes joyas de su carrera y una canción muy particular que se adelantó a su tiempo y cuyo sonido cualquier persona asociará inmediatamente con Aerosmith. Maravillosa». Por algo, cuando en 1997 Stephen Davis publica la autobiografía del grupo, esta lleva por nombre *Walk This Way: The Autobiography of Aerosmith* ¿Alguien cree tanto en las casualidades?

La canción

Desde el principio, Aerosmith supo que tenía en «Walk This Way» algo especial. Sabían que habían hecho una gran canción, pero no acabaron de entender cómo no les llevaba al puesto número 1 de las listas. De hecho, en su lanzamiento original se quedó en un nada desdeñoso número 10 de las listas de *Billboard*, aunque Tyler y Perry siempre pensaron que ahí había un bombazo. Una década tuvo que pasar para que se les diera la razón. Obra de los *toxic twins*, el cantante recordaba en la revista *Raw* que «la canción comenzó con un riff de Joe Perry, yo luego le añadí letras rítmicas inspiradas en los días en que tocaba la batería. Estaba sacando la letra de esa canción la misma noche en que teníamos que grabar las voces. Escribí la letra en las escaleras de Record Plant. Ahora, cuando escucho esa canción, me parece tan cruda que resulta fácil adivinar que escribí la letra en ese mismo momento». Jack Douglas, por su parte, recuerda en *Louder Sound* que «Steven llegó con ella. Es un batería y tenía ese ritmo. Y Joey acabó de embellecerla». Una sensación que también confirma Brad Whitford, «no sé si el inicio es de Joe o de Steven, pero sé que Tyler es un batería de corazón, muy original y creativo, aunque tiene la tendencia a apropiarse de todo lo que tiene la marca Aerosmith». Unas declaraciones que hacen referencia, probablemente, al hecho de que Perry aportó algo más que el riff, como hemos constatado en el capítulo dedicado a *Toys In The Attic*. De hecho, él y Joey Kramer – curiosamente no citado en sus créditos– volvieron de una actuación en Honolulu en diciembre de 1974 con la música prácticamente terminada, a la espera solo de que Tyler, que también había participado algo del momento, le pusiera letra. Y hablando de eso ¿Y la letra? Pues puro Aerosmith. Un texto que gira sobre una animadora que mete a un crío en su primera experiencia sexual, partiendo de una frase que habían oído en la película *El Jovencito Frankenstein* (Mel Brooks, 1974). «Si escuchas las palabras, es realmente sucia» le diría Tyler a Bruce Pollock. «Escuchando atentamente te darás cuenta de que lo disfracé todo con bastante inteligencia.» De entrada, nos encontramos con Backstroke Lover, nuestro protagonista, que se encuentra masturbándose en la cama cuando su padre lo engancha, explicándole que no se preocupe, que algún día podrá tener relaciones sexuales con otra persona. Y eso se cumplirá cuando se encuentre a una animadora más veterana que él, junto a su hermana y su prima. La chica le enseñará dónde debía tocar y qué debía hacer (*Walk this way*, camina así) para que todo salga de manera satisfactoria.

El resultado es una canción tremendamente sexual. Impúdica. Irreverente. Algo en lo que no está exento de mérito el patrón que aporta la base rítmica de Aerosmith y el *talkbox* –dispositivo que modifica la voz creando diversos efectos– que usa Joe Perry en los coros haciéndolos tan característicos. Al final es un *boogie* de esos que tan bien funcionan a la banda a los que se les ha añadido una dosis doble de picante. Así que, segundo single de *Toys In The Attic*, aparecido el 28 de agosto de 1975, buen resultado en las listas de ventas y buenas críticas. Aunque aún no había llegado lo mejor.

Run DMC y Rick Rubin

En 1981, Joseph "DJ Run" Simmons, Darryl "DMC" McDaniels, y Jason "Jam Master-Jay" Mizell formaron Run DMC para acabar convertidos en uno de los grandes grupos de rap y hip hop de la historia. Algo en lo que mucho tendría que ver «Walk This Way». Empeñados desde el principio en renovar el género, ellos serán los primeros en grabar un tema cuya parte instrumental solo está integrada por una caja de ritmos pero, sobre todo, serán unos pioneros en la utilización de riffs de hard rock en sus discos. Lo harán por primera vez en «Rock Box» (1984), el cuarto single extraído de su disco de debut, en algo que se convertirá en marca de la casa. Por ello podemos afirmar que Run DMC era un grupo tremendamente cercano a la escena rock cuando Rick Rubin les propone en 1986 regrabar «Walk This Way» para su tercer disco, *Raising Hell*. Pero ¿quién es ese Rick Rubin?

Rick Rubin, nadie produce como esa barba.

Frederick Jay Rubin es a día de hoy uno de los más grandes productores que nunca ha dado la música. Empieza a dar sus primeros pasos a principios de los ochenta y trabaja, sobre todo, con LL Cool J y Beastie Boys. Rápidamente se inclina por sonidos cercanos al rap y al metal, aunque en los noventa acabará convirtiéndose en el gran protagonista del triunfal regreso de una leyenda del country como Johnny Cash. La historia de cómo se gesta «Walk This Way» también forma parte de la leyenda.

Los DJs habitualmente solían arrancar o tachar las etiquetas de los discos que utilizaban para pinchar. El motivo no era otro que intentar que los otros DJs no vieran de donde sacaban sus *samplers* y así no pudieran copiar nada de sus sesiones. No está claro como, pero uno de esos discos con la etiqueta arrancada llegó a manos de Jam Master-Jay que tras ponerla en el estudio descartó utilizar la canción para nada, algo que de manera momentánea también hizo Rick Rubin, aunque el tema quedó almacenado en su subconsciente para volver a aparecer al poco tiempo. «Habíamos terminado el disco y sentí que algo faltaba. Llevábamos tiempo hablando de esa gente que considera que el hip hop o el rap no pueden ser considerados música», recordaría Rubin. «Estaba buscando una manera de cerrar esa brecha en la historia. Algo que se convirtiera en familiar para todos, que fuera amigable para la gente del hip hop y también tuviera sentido para aquellos alejados a eso.» Tim Sommer, productor compositor y hasta periodista que ayudó a los Beastie Boys al principio de su carrera, lo recordaba perfectamente en las páginas del *Washington Post*: «Rick vino y me dijo «necesito una canción de rock blanca que se pueda convertir en una canción de rap». Y pasamos diez o quince minutos al teléfono lanzándonos ideas. Pensamos en «Black In Black» de AC/DC pero los Beastie Boys habían grabado una versión. Luego Rick me dijo «¿y "Walk This Way" de Aerosmith?» Y empezó a cantarla por teléfono. Entonces le dije «Rick, me parece una idea brillante». Aunque le dije «deberías conseguir que Steven Tyler y Joe Perry grabaran en la canción» y me dijo «no lo harán nunca. Los hombres blancos de cierta edad no escuchan rap». La idea, eso sí, cala en el productor. Así que pone en marcha sus contactos. Por un lado, consigue hablar con John Kalodner, el A&R más cercano al grupo en aquel momento, aunque este intenta quitarla la idea de la cabeza. Sabe que Tyler y Perry viven un momento tóxico horrible y que trabajar con ellos es casi imposible. Pero ve que nada va a detener a Rubin. Este, por su parte, lo intenta por otro lado. Aprovecha su amistad con Sue Cummings, editora de la revista *Spin*, para darle una cinta de Run DMC y se la haga llegar a Aerosmith insistiendo en que le dijera a la banda que aquel trío de Nueva York quería versionar una de sus canciones con ellos y que participaran de la grabación. Sorprendentemente, Aerosmith aceptan, aunque solo Tyler y Perry formarán parte del proyecto. «Me gustaba el rap», dice Tyler. «Solía ir a la Novena Avenida a buscar drogas y me acercaba al centro donde había chicos que te vendían cintas de casete por un dólar. Eran cintas de rap. Así estaba enterado de lo que pasaba por Nueva York». La ausencia de los otros tres Aerosmith, por cierto, no iba a ser bien recibida por todos, especialmente por Brad Whitford: «nunca entendí por qué no pudimos ir a hacerlo. Por qué no formamos parte de esa experiencia. En aquel momento me molestó, sí». Con lo que no contaba Rick Rubin era con que los que iban a poner más problemas a la colaboración fueran precisamente Run DMC. Entre ellos había división de opiniones. Jay Master-Jay tenía claro que quería hacerlo, pero DJ Run y DMC dudaban. Unas dudas que disiparon en una reunión a cinco bandas celebrada entre los tres miembros del grupo, su mánager Russell Simmons y Rick Rubin. El éxito estaba en camino.

Silencio, grabando

Steven Tyler y Joe Perry recibieron una oferta formal de 8.000 dólares por media sesión de grabación, el equivalente a unas cinco horas. Y en ese tiempo hicieron su trabajo. Algo impredecible, ya que los dos trastos estaban lejos de su mejor momento físico. De hecho, podríamos decir que estaban en el peor. Y el 9 de marzo de 1986, día previsto para la grabación no iba a ser una excepción. Todo tipo de sustancias iban y venían por el estudio de grabación ante la atónita mirada de unos Run DMC que pensaban que aquello iba a ser llevado con mucha más profesionalidad. Tyler lo recuerda en la autobiografía del grupo, «Run D y Jay estaban allí, arrinconados, decididos a hacer algo provechoso. Fui y les dije "¿dónde está Joe" y me contestaron malhumorados: "Probablemente fumando crack"». Parecía que los peores presagios de John Kalodner se hacían realidad, aunque fue empezar la música y todo cambió.

Desde el primer momento estaba previsto regrabar la canción al completo. No se trataba de reproducir el tema que Aerosmith había incluido en *Toys In The Attic* sino de reversionarlo. Llevarlo al terreno de Run DMC y conseguir que el toque blanco de Tyler y Perry y permaneciera allí, creando un auténtico hit para todos los públicos. La voz de Tyler da la entrada con una cuenta hasta tres, arranca una batería regrabada previamente por Run DMC y un *scratch* (sonido hecho al arrastrar y parar los platos en un giradiscos). Sorprendentemente son los raperos los que toman la iniciativa y cantan toda la estrofa de la canción. Algo en lo que sufrieron bastante, por cierto. Por un lado, la letra no les acababa de convencer, aunque finalmente la harían totalmente suya, y por otro el fraseo de Tyler era demasiado característico como para imitarlo. De hecho, hay expresiones y palabras que no les acaban de encajar, aunque muestran una flexibilidad innata en el estudio que se convierte en la clave del éxito de la sesión. Por su parte Joe y Steven hacen lo que se espera de ellos. El guitarrista protagoniza con su característico riff todo el tema, y el cantante entra en el momento de los estribillos para poner un contrapunto excelso al rapeado de Run DMC. Todos los que estaban en el estudio se dan cuenta de que están haciendo algo grande y Rubin, en especial, es el más satisfecho.

Dos carreras en marcha, y un género

Y es que la importancia de la revisión de «Walk This Way» tiene un punto global, en el nacimiento prácticamente de un género, pero también individual, ya que supone el punto de arranque a dos importantes carreras discográficas. La más evidente era la de Run DMC que hasta la fecha de su edición simplemente había sido considerado como un grupo de hip hop más, y será tras el éxito de la canción cuando empiezan a ser tratados como grandes estrellas. La segunda es la de Aerosmith. Y no, no me he vuelto loco. Es evidente y ya sabemos que los de Boston tenían detrás una carrera importante, pero parecía que su momento ya había pasado y que lo de reverdecer viejos laureles no iba con ellos. Sus adicciones y peleas internas los habían matado, y aunque habían vuelto a actuar juntos y a recuperar la formación original tras un tiempo con Brad Whitford y Joe Perry fuera de la banda, no parecía que fueran capaces de volver a ser lo que fueron. «Walk This Way» cambió esa impresión, no solo en la crítica y el público, sino también en ellos mismos. De pronto se vieron otra vez mandando en las listas, y vieron cómo un público joven les pedía que hicieran en escena esos pasos de baile con los que acaba el videoclip de la canción junto a Run DMC. Tim Collins, mánager en aquel momento de Aerosmith aseguraba que «esa canción dio esperanza al grupo. Tras ella hicieron tres discos muy sólidos como *Permanent Vacation*, *Pump* y *Get a Grip*. Además, fue parte de la motivación de Steven para conseguir la sobriedad». Por su parte DMC declararía que «la gente me dice que es el mejor disco de rap que se ha hecho nunca, y el mejor videoclip también. Se trataba de unir generaciones en la música, que es lo que se supone que hace la música, evolución y unidad. Creo que lo conseguimos».

Y no solo eso, porque como hemos ido apuntando, «Walk This Way» está considerada habitualmente como el punto de arranque de un nuevo género.

Richie Sambora, guitarrista de Bon Jovi, lo recordaba en el *Washington Post*. «Si escuchas la cadencia, la forma en que Steven canta, es ya casi un rap. "Walk This Way" fue el precursor del rap blanco y el rap rock».

No fueron los primeros en unir rap y rock and roll. De hecho, canciones como «The Year Of The Guru» de The Animals o «The Magnificient Seven» de The Clash están consideradas las auténticas precursoras del género, pero la canción que le da definitivamente arranque es «Walk This Way». Tampoco podemos olvidar que el tema coincide con otro lanzamiento básico para entender el género, como es la publicación de *Licensed to III*, el primer disco largo de Beastie Boys, producido también por Rick Rubin. A partir de ahí, la instrumentación rock será habitual en muchos grupos de rap como Public Enemy, Ice-T o The Fat Boys. Por otro lado, aunque no puedan ser consideradas bandas del género, sí que la influencia del rap rock y por tanto de «Walk This Way» se haría visible en grupos como Faith No More, Living Colour, Anthrax, Rage Against The Machine o Red Hot Chili Peppers. Lo dicho, un antes y un después.

Discografía

DISCOS EN ESTUDIO

Aerosmith

(1973)

Make It – Somebody – Dream On – One Way Street – Mama Kin – Write Me A Letter – Movin' Out – Walkin' The Dog

La carrera discográfica de Aerosmith arranca en 1972, cuando el grupo se mete en el estudio para grabar su disco de debut. En ese momento, la banda se había puesto en manos del triunvirato formado por Frank Connelly, David Krebs y Steve Leber, y gracias a ellos consiguen firmar un contrato espléndido para un grupo novel por una cifra cercana a los 125.000 dólares con Columbia Records. Así pues, la entrada en el estudio es mucho menos dura que para otras bandas. Ellos, a diferencia de muchos grupos, lo hacen con un contrato garantizado y tres personas detrás con fuertes contactos en la industria, cosa que puede facilitarles a todas luces su camino hacia el estrellato, algo que Steven Tyler tenía como claro objetivo desde el primer momento. Con esa clara premisa, y la efervescencia que todo grupo que empieza apunta al entrar en un estudio por primera vez llegan a los Intermedia de Boston para ponerse en las manos del productor Adrian Barber. Este no era un cualquiera. Ingeniero de sonido de Atlantic desde principios de los sesenta, en 1969 había participado en la grabación de *Goodbye* de Cream, el disco de despedida del trío integrado por Eric Clapton, Jack Bruce y Ginger Baker. Pero no era su único logro. El debut homónimo de los Allman Brothers, también en 1969 llevaba su firma y también otros discos esenciales como *Loaded* de Velvet Underground, *Last Time Around* de Bee Gees o *See* de The Rascals. Pero, lo que era más importante para Steven Tyler: en 1962, mientras trabajaba como técnico de sonido del Star-Club de Hamburgo, había grabado a unos tales The Beatles en un documento que sería publicado muchos años después. Casi nada. Barber tenía un encargo claro, mantener la rudeza que el grupo mostraba en directo. Eso era lo que Clive Davis, presidente de Columbia, había visto en ellos, y era lo que quería conservar a toda costa. Grupos como unos recién aparecidos New York Dolls o David Bowie parecían a punto de triunfar con su imagen andrógina, pero Davis creía que aquello duraría poco. Su forma de pensar, eminentemente conservadora, le hacía confiar en que los jóvenes se acabarían acercando a una postura que él denominaba mucho más masculina. Y aquello era lo que podía ofrecer Aerosmith en aquel disco.

A diferencia de otros grupos, que entran a grabar su disco de debut con una cantidad ingente de canciones, los cinco miembros de Aerosmith llegaron al estudio con diez temas, de los cuales un par eran simples esbozos que quedaron descartados en los primeros instantes. Iban cortos de material, pero sobrados de fuerzas. Steven Tyler era un portento de la naturaleza, aunque su voz en las mezclas finales del disco todavía sonará algo insegura e irregular, y Joe Perry era un virtuoso de las seis cuerdas. A ellos se les unía la competente base rítmica que formaban Tom Hamilton y Joey Kramer, y el buen complemento que era la guitarra de Brad Whitford. Los ingredientes estaban presentes, solo quedaba cocinarlos bien para obtener un buen plato. Y eso fue tarea de Barber.

A estas alturas, decir que Aerosmith debutaron con un disco excelente sería engañarnos totalmente. Pero también lo sería decir que el disco fue un paso en falso. Simplemente fue un primer paso hacia la cima. Mucho más pausado que en el caso de otros grupos, que agolpan sus grandes éxitos en un disco de debut, convirtiendo este en su obra cumbre para luego no alcanzar ese nivel nunca más. Aerosmith necesitó un par de intentos para conseguirlo, y en eso quizá está el secreto de su longeva carrera. *Aerosmith*, el disco, está integrado por ocho temas, cinco escritos por Steven Tyler, otro por el dúo Tyler-Perry, otro por el cantante junto a su amigo Steven Emspack, y una versión.

Con un evidente sonido a bar, los treinta y cinco minutos escasos del álbum pasan de un plumazo. «Make It» es el primer tema de la discografía de

Aerosmith. Lo primero que oiremos de los muchachos de Boston grabado en un estudio. Una canción explosiva, con un Tyler que todavía no apuntala su rasgada voz y una letra que, eso sí, no deja lugar a la interpretación: «buenas noches y bienvenidos al espectáculo». Eso sí, como diría Emilio de Gorgot en las páginas de *Jot Down*: «Una canción que casi, casi suena a los Aerosmith más clásicos, y que de hecho podía haber encajado en muchos de sus discos posteriores en cuanto a composición... pero donde en cuanto a sonido todavía se les nota inexpertos, como enjaulados y sin dar rienda suelta a todo su potencial. En general, todo el disco peca de lo mismo, al menos cuando lo comparamos con sus obras de poco después». «Somebody» es todavía más barriobajera. Aquí la guitarra de Perry toma el protagonismo desde el arranque. No hay secretos. Es simple rock and roll, de ese que los Rolling Stones decían que nos gusta. Y vaya si lo hace. Cuesta, años después reconocer a Tyler en esa voz, demasiado poco rota para lo que luego nos ofrecería, aunque «Dream On» va a solucionar un poco esa sensación. La que a la postre sería canción más conocida del disco, algo que tardaría tres años en llegar, gracias al éxito de *Toys In The Attic*, pone sobre la mesa una de las grandes bazas de toda la carrera de Aerosmith, su asombrosa capacidad para la balada. «Dream On» es una canción excelente, soberbia. Una épica tonalidad donde el piano juguetea con la melodía para que Tyler acabe rompiendo sus cuerdas vocales. Sensible y turgente, «Dream On» es un tema inolvidable, el punto donde el disco supera el notable, y para muchos la primera gran balada del rock duro norteamericano. Una digna competidora del «Stairway To Heaven» que los británicos Led Zeppelin habían editado un año antes. Imposible mantener el nivel tras ella, con «One Way Street» con una magnífica armónica a cargo de Steven, tampoco lo pretenden. Es solo una canción para cerrar la cara de manera competente tras la mezcla de sensaciones de «Dream On». La cara B se abre con «Mama Kin», quizá el otro momento culminante del disco, a pesar de un Tyler demasiado contenido ante un exuberante trabajo de Joe Perry. No en vano, la opinión de que en este tema no se había conseguido capturar la explosividad de su interpretación en directo es uno de los «peros» que Clive Davis puso al disco cuando lo oyó. Aunque Tyler no estaba de acuerdo, y no solo pensaba que la canción debía haber sido el single del disco – honor que se llevó «Make It»– sino que se tatuó en su brazo izquierdo el acrónimo «Makin» en honor a un tema que él consideraba insuperable. Con «Write Me A Letter» regresaban al blues más sucio, volviendo a poner de manifiesto donde estaban sus principales influencias, mientras que «Movin'Out» tiene el honor de convertirse en la primera colaboración del dúo compositivo formado por Steven Tyler y Joe Perry que en el futuro iba a darnos no pocas alegrías. Cierra el disco la versión del «Walkin' The Dog» de Rufus Thomas, innecesaria si querían evitar las molestas comparaciones con los Rolling Stones, que ya habían versionado el tema en 1964. Eso sí, la versión de Aerosmith es magnífica y muestra que el blues tiene pocos secretos para ellos.

El disco verá la luz el 5 de enero de 1973, el mismo día exactamente en que la propia Columbia editaba el primer trabajo de su gran apuesta, Bruce Springsteen, *Greetings From Asbury Park, N.J.*. Un movimiento totalmente incomprensible que, sin duda, perjudicó y mucho a Aerosmith. Su principal valedor en Columbia, Clive Davis estaba en proceso de abandonar la compañía, y esta decidió volcar todos sus esfuerzos en el muchachote de New Jersey, dejando el lanzamiento de los de Boston como algo secundario. Algo que recordaba David Krebs en las páginas de *Rolling Stone* tiempo después: «por cada dólar que Columbia había puesto en Aerosmith, había invertido 100 en Bruce Springsteen. Esa fue nuestra primera lección». Sus singles se resintieron de ello. «Make It» solo se utilizó como promoción en radios y con prensa, pero no se le dio el espaldarazo necesario. «Mama Kin» no funcionó, a pesar de la confianza de Tyler, y solo «Dream On» les dio una pequeña alegría. El tema se coló en el puesto 56 de las listas cuando apareció en un 7» el 27 de junio de 1973, llevando al álbum a un discreto puesto 166.

Get Your Wings

(1974)

Same Old Song And Dance – Lord Of The Thighs – Spaced – Woman Of The World – SOS [Too Bad] – Train Kept A Rollin' – Seasons Of Wither – Pandora's Box

Cuando en diciembre de 1973 Aerosmith llegó a los *Record Plant Studios* de Nueva York por allí ya habían pasado dos de sus bandas referencias. Por un lado aquellos Rolling Stones con los que eran permanentemente comparados en una referencia que empezaba a cansar a Tyler y compañía más que otra cosa. Y por otro lado unos Led Zeppelin que la prensa se empeñaba en considerar sus máximos rivales y competidores directos, obviando en ambos casos la admiración que los de Boston sentía por las dos bandas. Las sesiones de grabación del *sophomore* (denominación que dan los americanos a los segundos intentos) de Aerosmith tendría lugar entre el 17 de diciembre de 1973 y el 4 de enero de 1974. Jack Douglas era el elegido para encargarse de la producción, en este caso ayudado por Ray Colcord. El primero explicaría cómo fue su elección en las páginas de *Uncut*. «Recibí una llamada para ir a Boston a ver la banda. Fui allí y los vi tocar en una escuela secundaria y me enamoré de ellos. Tocaron el tipo de rock que había estado tocando en bandas durante años: Yardbirds, Stones, ese tipo de sensación cruda. Hablamos sobre guitarras, amplificadores y pedales y entre bastidores nos entendimos de inmediato. Teníamos mucho en común. Steven era un tipo del Bronx, un *Yonkers*, y también Joey era muy así. Nos llevamos bien y recibí la llamada de que querían que hiciera el disco, así que fuimos e hicimos *Get Your Wings* en Nueva York».

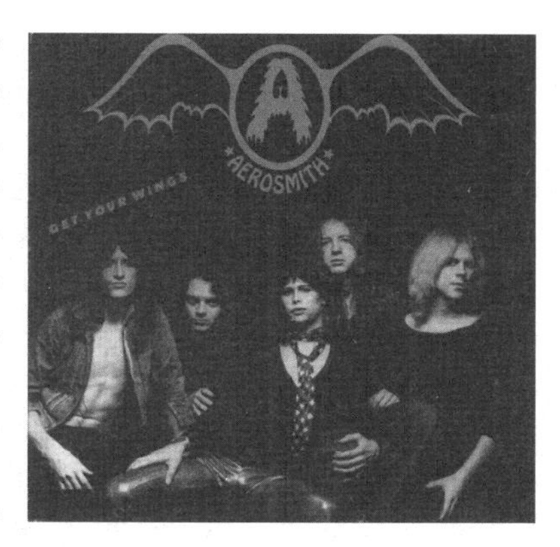

Además, de la producción ejecutiva se iba a encargar Bob Ezrin. Nacido en Ontario, Canadá, Ezrin había producido los primeros discos de Alice Cooper en los setenta como *Love It To Death* (1971), *Killer* (1972), *School's Out* (1972) o *Billion Dollar Babies* (1973), pero también ese mismo año el mítico *Berlin* de Lou Reed. Eso llevó a que muchos consideraran su intervención como decisiva para la carrera de Aerosmith, algo más sensacionalista que otra cosa. Ezrin era un buen nombre al que estar asociado, como se demostraría en el futuro, pero el mérito del arranque de nuestros chicos le corresponde por completo a un Jack Douglas que en *Best Classic Bands* declararía que «empecé como arreglista y acabé siendo casi un miembro de la banda, y me dieron la bienvenida. Comprendí lo que querían hacer, las limitaciones que tenían al principio para hacer lo que querían y encontré las soluciones para sortear esas cosas».

El álbum resultante de este encuentro de Douglas con Aerosmith fue una evolución evidente para la banda. No solo el repertorio había madurado, a pesar del poco tiempo pasado desde su debut, sino que además como intérpretes habían crecido exponencialmente gracias a la gira casi interminable en la que se habían metido desde la publicación de aquel. Vuelven a optar por ocho temas, repartidos entre siete canciones propias y una versión del «Train Kept-A-Rollin» de los Yardbirds. Steven Tyler vuelve a mostrarse como el compositor principal de la banda apareciendo en los créditos de todo el resto de canciones, ya sea en solitario, firmando con alguno de sus compañeros o incluso con el pianista Darren Solomon. Por lo que respecta al sonido, Douglas y Aerosmith introducirán una novedad importante respecto al disco anterior, y esa no es otra que la adición de vientos a algunas canciones. Estos corren a cargo de diversos músicos entre los que merece la pena destacar a los célebres hermanos Brecker, Michael y Randy, todas unas eminencias del jazz. Pero, sobre todo, en este aspecto vamos a encontrarnos a un Steven Tyler muy mejorado como cantante, a un Joe Perry aceptando definitivamente su papel de estrella del rock, a un Brad Whitford espectacular y comodísimo en la segunda guitarra y a una sección rítmica directamente aplastante. No hay más que oír la inicial «Same Old Story» para darse cuenta que este grupo poco o nada tiene que ver con aquellos chavales inseguros de su debut. El tema camina solo. Una historia bien construida por Tyler, llena de imágenes efectivas, sobre un riff magnífico de Joe y un Whitford que pone el contrapeso necesario a la exhibición de Perry. Además, los vientos entran de manera sorprendente dando un empaque al resultado que no se había observado en el grupo hasta el momento. La canción es vacilona, chulesca y cachonda, y parece la marca definitiva en el camino que Aerosmith van a seguir.

Lo mejor de todo es que, lejos de ser un oasis, «Same Old Story» marca la pauta de lo que será *Get Your Wings*. «Lord Of The Thighs» muestra lo buen letrista que ya se ha vuelto Tyler. Con un juego de palabras que parte de la conocidísima novela del premio Nobel Wiliam Golding titulada *Lord Of The Flies* (*El Señor de las Moscas*), el cantante construye una historia sobre las prostitutas que pretendían ligar con ellos mientras grababan el disco. «Spaced», en cambio, destaca más por su sonido que por su letra. Algo sesentero en sus arreglos, el tema habla en clave futurista de un holocausto y sorprende desde el principio, no acabando de encajar del todo en la concepción del disco ni en el sonido que estaba transmitiendo en ese momento Aerosmith. En cambio «Woman Of The World» nos devuelve al letrista que habla sin ambages de sexo mientras Perry se trabaja una guitarra de doce cuerdas en un arreglo muy similar al «Rattlesnake Shake» de Fleetwood Mac. Aunque, a nivel de sonido, ambos temas suponen un ligero bajón en un disco que había empezado como un tiro. Afortunadamente quedaba una cara entera para solucionarlo. Y eso es lo que iban a hacer.

En «S.O.S (Too Bad)» Perry vuelve por sus fueros, Tyler vuelve a aullar como una perra, y Brad Whitford se marca el primer solo destacable que haría con su grupo. «Train Kept-A-Rollin'», por su parte, es un auténtico clásico. Una canción inmortal, más por la versión de Aerosmith que por la de The Yardbirds, que a su vez se habían basado en la versión de un clásico del jazz llevada al blues por Johnny Burnette. Los Aerosmith abordan el tema, lo adoran, lo adornan, lo endurecen, lo transforman, lo crujen, lo aman, y lo hacen suyo. Rápidamente se convirtió en el cierre de sus conciertos, algo que duraría mucho tiempo y que llevaría a Tom Hamilton a declarar que la había tocado en más de seis mil ocasiones. Era el bis por excelencia de Aerosmith, el público lo sabía y la esperaría con devoción. No es de extrañar tras escuchar ese final apoteósico y cargado de intensidad. Todas las cartas parecían sobre la mesa, pero aún quedaba juego que repartir. Especialmente «Seasons Of Wither», una atmosférica balada con una curiosa historia detrás. En un momento de bajón, Steven Tyler había cogido una guitarra acústica encontrada por Joey Kramer en la basura, y como no consiguió afinarla, compuso con una extraña afinación esa pieza, obligando después a Bob Whitford a encontrar esa misma forma de afinar a la hora de interpretar el tema. Tyler le explicaba así a Martin Huxley su composición: «¿sabes lo que son Tuinal y Seconal? Me los estaba tomando en aquella época. Vivía con Joey cerca de una granja de pollos. Era Halloween y estaba bastante deprimido. Fui al sótano, quemé algo de incienso y cogí la guitarra que Joey se había encontrado en Dumpster. Estaba muy jodida, estropeada, tenía un sonido especial. Me encanta esa canción». Dura y confesional, el resultado es otra grandísima canción lenta que unida a «Dream On» confirma al grupo como baladistas prácticamente insuperables. El disco se cierra con «Pandora's Box», el tema con el que Joey Kramer se estrena como compositor en Aerosmith. Una buena canción de cierre que no hace sino confirmar la sensación de solvencia y de mejora que se tiene durante toda la escucha del álbum.

Get Your Wings sale a la calle el 15 de marzo de 1974 y lo hace con la aparición además, y por primera vez, del logo del grupo. Una grafía que ni mucho menos será definitiva y que, para qué negarlo, se ve bastante poco trabajada e incluso cutre, con una *A* peluda enmarcada entre dos alas de murciélago. Eso no influyó, afortunadamente, en las críticas que recibió el disco, en general, muy positivas. Charley Waters escribió en *Rolling Stone* que «los acordes gruñones de los guitarristas Joe Perry y Brad Whitford impulsan tensamente cada pieza, mordiendo claramente la crudeza del cantante Steven Tyler, cuya disciplina es evidente sin importar cómo grite», mientras que Robert Christgau definió al grupo como «lo suficientemente fuertes y astutos como para proporcionar un verdadero placer». El disco, además, ha llevado bien el paso del tiempo. Así, en 2014, el periodista Mikel Adano diría que «*Get Your Wings* realmente suena como el Aerosmith que ahora conocemos y amamos. El primer álbum aún no logró llevarnos hasta allí. *Get Your Wings* suena como mi tipo de Aerosmith». Fernando Pardiñas en *Aloha Criticon* publicaría que «es un muy buen LP que se despegaba un poco del R&B desarrollado en su anterior disco mostrando la potencia que ejercería el grupo un poco más adelante», y Thomas Erlewine, por su parte en *AllMusic* aseguraba que «(Douglas) ayudó a la banda a entrar en el estudio y capturó su sonido de una forma en que su debut nunca lo hizo. Es un disco más enjuto y duro, bañado en grasa y en capas de arena, pero no se trata solo de Douglas. La banda en sí suena más distintiva. Hay blues en la interacción entre Joe Perry y Joey Kramer, acercándose al blues-rock, y convirtiéndose en un rock resbaladizo. Sin duda, todavía es fácil escuchar a los Stones aquí, pero nunca suenan realmente a eso. Hay casi más de los Yardbirds en la forma en que el grupo trabaja los riffs».

Toys In The Attic

(1975)

Toys In The Attic – Uncle Salty – Adam's Apple – Walk This Way – Big Ten Inch Record – Sweet Emotion – No More No More – Round And Round – You See Me Crying

Mi hija June está en el comedor jugado con su prima. Tienen puesta la videoconsola y un juego, *Just Dance*, en el que uno se muestra como un patoso integral cada vez que intenta competir con ellas. Así que me marcho a escribir y oír un poco de música. Entonces suena un patrón de batería y ese riff que todo el mundo conoce. Ta na na na ta na na na na, ta na na na ta na na na. Es «Walk This Way». Y sonrío. Esta anécdota totalmente personal es ilustrativa de la importancia de esa canción dentro de la carrera de Aerosmith. Porque, si bien es cierto que esta alcanzaría su máximo esplendor bastantes años más tarde, cuando el grupo uniera fuerzas con Run DMC, también lo es que es uno de los ejes centrales de ese magnífico lote titulado

Toys In The Attic, para muchos el mejor disco de la carrera de los bostonianos de adopción. Y aunque por su importancia le hemos concedido un capítulo aparte para entender más su concepción y el por qué de su envergadura, no está de más adentrarnos ahora en sus canciones.

Si las cosas van bien ¿para qué cambiarlas? Algo así debió pensar la banda a la hora de encarar su tercer disco en el que, dicho sea de paso, tenían puestas muchas expectativas, después del claro ascenso de ventas y críticas positivas que había supuesto *Get Your Wings*. Así que, Jack Douglas a los mandos, esta vez en solitario, reserva en los estudios *Record Plant* de Nueva York entre enero y marzo de 1975, para registrar nueve canciones (una más que en los anteriores) con Steven Tyler poniendo su firma en todas menos una, «Big Ten Inch Record», de Fred Weistmantel.

«Cuando llegamos a *Toys In The Attic* llevábamos dos meses mínimo de pre producción. Había comprendido que los chicos no podían escribir en la carretera. Debíamos hacer esa preproducción y así encontraríamos material mejor. Entendía y conocí a todos los miembros de la banda, no solo como compañeros, sino como amigos. Sabía que si Joe se acercaba a mí con un riff, el complemento seguramente sería algo que Brad tenía en mente. Podría ir por la sala y podríamos seguir agregando cosas. Steven es realmente un sabio musical, bastante brillante. Fue un gran árbitro». Así hablaba Jack Douglas en *Best Classics Bands* de la preparación del álbum. Él aportaría un sonido consolidado que, siguiendo la senda marcada por *Get Your Wings*, intentaría –consiguiéndolo– capturar la fortaleza y energía del grupo en directo ¿Y las canciones? Vamos a ellas.

No hubo muchas dudas para los críticos, en el momento de la edición del álbum, de que la canción titular era la mejor que Aerosmith había escrito nunca. Mark Putterford lo resumiría en 1990 con estas palabras: «era, sin duda, la mejor composición de Tyler y Perry hasta entonces, y logró catalizar las aspiraciones de un torrente interminable de aprendices de rock duro americanos, y cristalizó, como pocos, la clásica visión de un grupo de rock en pleno vuelo». Joe Perry ha declarado en numerosas ocasiones que es una de sus canciones favoritas del grupo, y por algo será. Lo cierto es que es todo un torrente de potencia en apenas tres minutos en la que el dúo compositivo integrado por el guitarrista y Tyler se muestra más inspirado que nunca, a pesar de que como este último comentaría en su autobiografía, la letra fue prácticamente fruto de una improvisación. En todo caso es un inicio magnífico que podía ser visto como arriesgado. En aquella época, cuando la inmediatez de las aplicaciones de música en *streaming* no dominaba el mundo musical, era una creencia común de los productores pensar que el mejor tema de un disco debía estar entre los puestos dos y cuatro, y que gastar esa bala tan pronto era un error. Lo que pasa es que la canción era perfecta para empezar y, además, nadie sabía lo mucho y bueno que venía después. Aerosmith no estaban gastando ahí una bala única, sino solo una pequeña muestra de su cargamento. «Uncle Salty» quizá levanta demasiado rápido el pie del acelerador pero no hay duda de que se trata de una buena canción, con una letra en la que Tyler habla de una niña huérfana que acaba siendo adicta a las drogas y prostituyéndose, y un cierto aroma a los Beatles más avanzados en su sonido. La cosa continúa con «Adam's Apple» que se inicia tal y como esperamos de un tema de Aerosmith, con un riff incendiario de Perry. Y aunque la letra puede ser ligeramente sonrojante (¿qué narices hacen Aerosmith hablando de Adán y Eva?) la cosa no pasa de la anécdota, porque el tema nos lleva a concentrarnos en el magnífico trabajo que llevan a cabo Perry y Hamilton con un duelo de guitarras magnífico.

Uno de los momentos del disco, sin duda, llega con su cuarta canción, que ya hemos mencionado, y que también merece capítulo aparte. Hablando sobre la pérdida de la virginidad en la adolescencia, «Walk This Way» es un temazo, le pese a quien le pese, y por mucho que moleste a aquellos que reniegan de las cosas cuando funcionan y se convierten en multitudinarias. Es adictiva y sexual, antecesora en ese momento y luego inaugural del rap rock, y con un solo espléndido de Joe Perry en su final que, a menudo, se pasa por alto al hablar de la canción. Sería el segundo single del disco y en 1977 llegaría a colarse en los diez primeros puestos de la lista de *Billboard*. Pero, por encima de todo, es una canción referencial. Para apaciguar los ánimos y cerrar la cara A del vinilo con solvencia, el grupo recurre a la versión de «Big Ten Inch Record». Se trata de un tema escrito por Fred Weismantel que funcionó muy bien en las listas de rhythm & blues en 1952 en la versión de Bull Moose Jackson. La letra habla de los discos de 10 pulgadas y 78 RPM donde se grababa el viejo blues para acabar haciendo una analogía de esas pulgadas con el tamaño del pene. Fue Zunk Bunker, uno de los *dealers* que servían drogas a Aerosmith, el que puso al grupo sobre la pista de la canción. Tras oírla por la radio decidió que era ideal para Tyler y los suyos y les envió una copia del tema, recibido por el cantante como agua de mayo. En un primer momento, la banda optó por acelerar esa melodía y adaptarla a su sonido pero, como explica Brad Whitford, cambiaron de idea en el estudio. «Estábamos en el estudio grabándola, y estábamos escuchando mucho la versión original de la canción, que era muy similar a lo que terminamos cuando acabamos con la sección de trompeta. Y pensamos "tengamos huevos y hagamos que suene más como la versión original que escuchamos"». Y es todo un acierto. El tema se respira y pone un contrapunto maravilloso al álbum.

«Sweet Emotion» abre la cara B, y de qué manera. Por algo sería el primer single del disco, editado el 19 de mayo de 1975. Con la música de Brad Whitford, Tyler escribe sobre una ninfómana que se desnuda durante la actuación del grupo. En parte dedicada a la primera esposa de Joe Perry, Elissa, Tyler quiso darle una lección por el mal ambiente que creaba en el grupo y, sobre todo, por un episodio ocurrido una noche en un hotel. El cantante llegaba de farra y fue a la habitación de la pareja encontrando a Joe y Elissa en una orgía de drogas que no quisieron compartir con él, mandándolo a pastar. «Sweet Emotion» fue su respuesta. Musicalmente, además, es un tema completísimo. Muy heterogéneo pero sin entrar en el pastiche. Cargado de influencias pero muy personal. «No More, No More» ha sido definida muchas veces por Steven Tyler como su diario, y es que la canción habla sobre hoteles, groupies y aburrimiento. Es el clásico rhythm & blues donde Aerosmith están más cómodos que nunca con su ritmo trotón y vacilón. Tras ella encontramos a la zeppeliana «Round And Round», con Brad Whitford debutando a los créditos, para cerrar con «You See Me Crying», una balada a piano que Tyler recupera de sus tiempos en Chain Reaction, firmada a medias con Don Solomon, igual que sucediera en *Get Your Wings* con «Woman Of The World».

Toys In The Attic fue muy buen recibido. De hecho tuvo la mejor recepción que nunca había tenido un disco de Aerosmith. *Creem*, por ejemplo, apuntaba que el disco era el mejor de la banda hasta el momento, algo evidente, y que «no cabe duda de que ocupará un lugar merecido en los anales de famosos del rock, es una invocación a todos nuestros hermanos demoníacos. Cuando es desagradable, es como una masacre musical; cuando es sensual, es como hacérselo en una batidora llena de papilla de corazones de alcachofa». Juanjo Ordás lo describió perfectamente en 2017 al recuperar el disco para *Efe Eme*: «Si alguien quiere saborear la esencia clásica de la banda, *Toys in the Attic* es el lugar ideal para empezar. Lo tiene todo: canciones, sonido y ejecución. Pero sobre todo, recoge por primera vez en poco más de media hora todo el misticismo de Aerosmith: la locura, el sexo, la extrañeza. Un universo de espirales, escaleras de caracol y madrigueras de conejo».

Rocks

(1976)

Back In The Saddle – Last Child – Rats In The Cellar – Combination – Sick As A Dog – Nobody's Fault – Get The Lead Out – Lick And A Promise – Home Tonight

«Tenía un montón de ideas para "Back In The Saddle", el primer tema de *Rocks*. Jack y yo pensamos en los pasos marcados de unas botas sobre una tabla de madera contrachapada. Quise usar las botas con los botones cosidos a los lados que llevaba en el instituto. Conseguimos la tabla y yo estaba a punto de fijar una pandereta a las botas para aumentar el efecto cuando llegó David Johansen y me ayudó a pegar la pandereta con cinta adhesiva, con lo que me convertí en *Mr. Tambourine Man*. Gracias, Bob. David era un buen tío, pero yo no podía evitar estar ahí pensando ¡Dios, tu mujer está más buena que un queso!». Estas declaraciones de Steven Tyler cuando empieza a hablar de *Rocks* en su autobiografía, editada en castellano en 2014 por Malpaso Ediciones, esconden buena parte de lo que Aerosmith era en la época de grabar y publicar su cuarto disco. Por un lado sigue siendo un grupo en crecimiento, en constante mejora, con nuevos sonidos que explorar. Por otro es una banda en permanente descontrol, metida en una vorágine inacabable de mujeres, drogas y desenfreno.

Para empezar, *Rocks* supone la confirmación en su portada del grafismo que ya siempre asociaremos a Aerosmith y que se integrará en el logo diseñado por Ray Tabano, y mejorado ahora, aparecido por primera vez como apuntábamos en *Get Your Wings*. Además, en la misma portada encontraremos en fuente muy simple el título del álbum y cinco diamantes en equilibrio que evidentemente representan a los miembros de la banda. Y eso es lo que vamos a encontrar en el disco, un montón de joyas. Eso sí, no fue un álbum fácil. Al menos no en su concepción. Joe Perry había entrado en la heroína, Steven Tyler en la cocaína y el LSD, y el resto no se quedaba atrás. Eso dificultó, y mucho, la composición del disco, especialmente en lo que se refiere a Tyler y sus letras. Brad Whitford se lo explicaba a Martin Huxley de manera, más o menos, elegante. «Demasiada carretera, supongo. Realmente es un problema de Steven, ya que él escribe las letras. Cuando estás en la carretera, estás alejado de la realidad...No se puede escribir tanto sobre la carretera, y Steven cuenta historias. Cuando dejas la carretera tu cerebro está vacío». Lo cierto es que si el cerebro de Steven Tyler estaba vacío era porque su cuerpo estaba lleno de otras cosas. Por ello el grupo empezó a juntarse con un montón de temas instrumentales que les llevaron incluso a bromear sobre la posibilidad de editar un disco sin cantante, algo que en Columbia veían como terrorífico para las ventas. Probablemente hubiera sido así pero, afortunadamente, no tuvimos que comprobarlo.

Rocks es defendido por muchos como la sublimación del binomio Aerosmith – Jack Douglas. El mejor disco de su carrera para tantos otros. Firme candidato a serlo, desde luego lo es. Una esencia que caza como pocos la definición de Mark Putterford, «*Rocks* era la quintaesencia de Aerosmith, una proeza escalofriante de canciones desgarradoras y producción de central eléctrica, sonidos de guitarra colgados y fustigadores, y letra sacada del arroyo y cantada masticando un chicle sobre ritmos desenfrenados y bulliciosos, sin perder de vista la sensibilidad melódica. Un auténtico clásico de su estilo». La referida por Tyler al principio de este texto, «Back In The Saddle» es el punto de partida de las nueve canciones del álbum. Cuatro discos y cuarta vez que no llegan a la decena de temas. La canción no solo abría el disco, sino que durante mucho tiempo, y por sus características se convertiría en el arranque de sus conciertos. Un tema sobre la América más profunda, cowboys y sexo. Casi nada. Tyler cantando mejor que nunca y Perry, para variar, brillando en la guitarra. Otra muesca en el rifle de grandes composiciones del dúo que ya empieza a ser reconocido por la crítica como garantía de éxito. Inspirándose en The Meters, Brad Whitford creó el riff de «Last Child», con Tyler hablando de sus aventuras de juventud en otra muestra de su capacidad vocal para un fraseo cercano al rap. Con el tercer tema del álbum, «Rats In The Cellar», uno de los más versionados de su carrera, la banda gira la mirada hacia el rock duro. Acelerados, rotundos, el grupo habla sobre las visicitudes de la vida en Nueva York de manera tortuosa, oscura y espitosa. Tardarían mucho en reconocerlo, pero el tema le debe mucho al «Rattlesnake Shake» –otra vez– de Fleetwood Mac.

La primera vez que Joe Perry apareciera como voz principal y compositor único en un disco de Aerosmith tenía que ser, necesariamente, en un tema sobre la cocaína y la heroína escrito por él mismo. Y eso es «Combination». Una letra extraña, que evidentemente se nota que no sigue la línea del resto de textos del disco, y un ritmo arrastrado con unas guitarras dobladas. El tema cierra cara en el vinilo de manera notoria, dejando unas sensaciones magníficas.

«Sick As A Dog» abre cara. Una cara B del disco que va a mantener el nivel. Lo curioso de la canción es que el bajista Tom Hamilton compuso la música con la guitarra y se encargó de grabar una parte del instrumento en la toma final, mientras que del bajo se encargaron Joe Perry en la primera mitad del tema y Steven Tyler en la última, para que Perry pudiera volver a la guitarra y hacer el solo. Le sigue «Nobody's Fault», la que Brad Whitford define como su canción favorita de toda la carrera de Aerosmith. No es el único. Slash de Guns n'Roses o James Hetfiel de de Metallica están de acuerdo con esa apreciación. Y ciertamente es un tema magnífico. Muy duro, de los más cercanos al heavy metal de la carrera del grupo. Con un Joey Kramer marcando la pauta. Y tras ella aparece el funky de «Get The Lead Out». Ya sabemos lo que al grupo le gustan los ritmos negroides, y aquí se vuelve a poner de manifiesto. Suena a su amado James Brown, pero también es tan sucia que huele a Aerosmith por los cuatro costados. «Lick And Promise» es rock and roll acelerado y resultón, directo e impactante. Y para cerrar, repiten fórmula con balada pianística, esta vez orquestada por ciento un músicos.

La crítica se volcó con *Rocks* desde el primer momento. Pocos peros encontramos entre los especialistas. Solo John Milward, en la habitualmente dura con la banda en *Rolling Stone*, escribiría que: «el material es el principal defecto de *Rocks*, en su mayoría remakes pálidos de sus éxitos anteriores».

Algo que contrasta con la entusiasta reseña de *Creem*, mucho más unánime comparando con el resto de medios: «dos terceras partes del álbum vibran, truenan, se desgañitan y se estrellan hasta los límites de lo creíble. Joe Perry y Brad Whitford interpretan posiblemente el mejor duelo de guitarras del momento y con «Rats In The Cellar» han conseguido una copia perfecta de los Yardbirds, lo que los hace superiores a Led Zeppelin en cuanto a la tensión dinámica». Disco de platino pocos días después de su aparición, acabaría alcanzando el doble platino y situándose en todas las listas especializadas entre los mejores álbumes de rock del año.

Draw The Line

(1977)

Draw The Line – I Wanna Know Why – Critical Mass – Get It Up – Bright Light Fright – Kings And Queens – The Hand That feeds – Sight For Sore Eyes – Milk Cow Blues

Durante el mes de diciembre de 1977 puede leerse en numerosas revistas británicas, y también en algún medio generalista, el anuncio del nuevo disco de Aerosmith. Rezaba así: «*Draw The Line* te invita a experimentar de primera mano la música que ha conseguido desbancar el dominio del rock británico en Estados Unidos. Puedes quedarte solo con los grupos de tu país, pero has de saber que te estás perdiendo el mejor rock duro americano que oirás en tu vida». Hipérboles típicas de este tipo de marketing aparte, la publicidad no escondía un ataque en la línea de flotación de los orgullosos ingleses. Si durante mucho tiempo ellos habían aportado los nombres de las bandas dominadoras en el rock a uno y a otro lado del Atlántico, Aerosmith habían conseguido girar las tornas y, al menos en su país, convertirse en «los salvadores de la patria». Si eras inteligente harías lo mismo, y si no te quedarías con tus grupos, ya pasados de moda (o al menos eso es lo que apuntaba entre líneas el anuncio). Para hacerlo, Aerosmith apostaban por su quinto disco que suponía un descenso de calidad, sobre todo comparado con sus dos predecesores.

La banda vivía momentos convulsos. Las drogas habían hecho demasiada mella en alguno de ellos, especialmente en Tyler que, como ya sabemos, es la principal baza compositiva del grupo. Eso había afectado también a las relaciones interpersonales que parecían en el peor momento desde la formación de la banda. Y es que, directamente, Steven Tyler y Joe Perry evitaban no ya hablarse, sino cruzarse las miradas. Ese era el panorama que se le presenta a un siempre motivado Jack Douglas para la grabación en la que, además, lo sacarán de su zona de confort. Porque sorprendentemente deciden renunciar a su habitual refugio en los Record Plant Studios de Nueva York para largarse a un convento en Armonk, en las afueras de la ciudad de los rascacielos. Querían imitar de alguna manera aquel refugio que sus admirados Rolling Stones habían montado en el castillo de Villa Nellcote para grabar su excelso *Exile On Main Street* en 1972. No solo les gustaba el resultado final, que parecía captar ese descontrol pautado de una banda como los Stones, sino que además los rumores apuntaban a que en el castillo del sur de Francia ese desenfreno había sido totalmente real. Además, un lugar amplio también les permitía verse poco, para qué engañarnos. De hecho Tyler insistió en que le cedieran una habitación –había trescientas en el lugar– en la torre del convento desde la que se dedicaba a mezclar sustancias dentro de su organismo y a disparar por las ventanas a cualquier animal que osara pasar por delante de su vista. Algo que, claro, no estaría controlado por las autoridades al no estar en la gran ciudad. Tres meses tardó Douglas en acondicionar el lugar como estudio de grabación, con el equipo necesario, y tres más en que los músicos se pusieran de acuerdo para hacer acto de aparición en aquel curioso sitio y empezaran a grabar. Además, cuando lo hicieron, Tyler fue una rémora. Pero no fue el único, como reconocería Brad Whitford, «Steven y Joe no estaban. Estaban encerrados en sus habitaciones consumiendo lo que estuvieran consumiendo. Nosotros estábamos funcionando. Nos levantábamos por la mañana. Tom Joe y yo pasamos mucho tiempo juntos».

La cosa podría haber sido un desastre, pero curiosamente no lo fue. Porque aunque el resultado palidece ante *Rocks*, disco inmediatamente anterior a este, podríamos calificar el álbum como más que digno, e incluso notable en algunos momentos. Además, era el momento de conquistar Reino Unido. El público estaba más receptivo que nunca a su propuesta, como habían demostrado en su actuación en agosto en el Festival de Reading, aquel mismo 1977. Una actuación en la que, por cierto, habían aprovechado para estrenar algún tema de su nuevo trabajo cuya portada mostrará una caricatura de la banda (con un logo por cierto ya muy evolucionado y trabajado por Ray Tabano), algo que muchos consideran casi un fiel reflejo de lo que estaba pasando entre ellos.

Por segunda vez en su carrera, y algo que tardarían mucho en repetir (hasta finales de los noventa concretamente), *Draw The Line* se inicia con el tema que le da título. Una canción magnífica que habían avanzado en octubre y que parece mostrar al grupo en mejor forma que nunca, algo que parecía desmentir a agoreros que abogaban por su final. El tema fluye con un grupo a toda leche, un Joe Perry estelar en la *slide* y un Steven Tyler que todavía, después de cinco discos parece tener ases guardados en la manga, como esa magnífica entrada después de que la música se diluya, en un tono que solo él parece poder mantener. Tras ella, «I Wanna Know Why» suena a Rolling Stones desde el arranque de la voz de Steven con ese ritmo de boogie trotón tan característico de sus Satánicas Majestades. El inicio parece inmejorable, y el disco camina hacia la matrícula de honor, si no fuera porque el resto de canciones que forman esa primera cara del álbum aportan demasiado poco. «Critical Mass» aún tiene algo, aunque hay cierto aroma a pasajero y descolocado que lo enturbia todo, a pesar del buen hacer de Tyler a la armónica. «Get It Up» pretende ser el toque funky que todo disco de Aerosmith incluye, pero ni la aportación de una voluntariosa Karen Lawrence, cantante de L.A. Jets, consiguen salvarla. El grupo no está claramente a la altura de lo que la canción requiere y la cosa pega un bajón que se mantendrá en la insulsa «Bright The Light», compuesta por Joe Perry. La sensación al acabar la cara es que hay más cosas que podían haber sido de las que realmente son, así que uno dé la vuelta al plástico en su equipo con cierta duda: ¿Seguimos o volvemos a pinchar por enésima vez *Rocks*? Sería demasiado injusto no optar por la primera opción.

Igual que sucede con su opuesta, lo mejor de la cara B está en su arranque. Ahí nos encontramos de lleno con «Kings And Queen» en la que Tyler opta por hablar de las guerras santas, desde su particular punto de vista, y que en su épica atronadora esconde al mismísimo Jack Douglas tocando la mandolina. De «The Hand That Feeds» lo más destacable es la interpretación vocal de Tyler con solo (quizá demasiado largo) incluido, mientras que «Sight For Sore Eyes», en cuya composición interviene el New York Doll David Johansen es descrita por Gus Cabezas como «bagatela de graves acentos funkies». El cierre, esta vez con la versión de turno, se lo lleva «Milk Cow Blues», un tema de 1934 de Kokomo Arnold que había interpretado el propio Elvis Presley y que muestra que aunque la banda sigue siendo solvente no está, ni mucho menos, en su mejor momento, aportando bien poco. Ahí se acaba todo. Quinto disco del grupo, y quinta ocasión en que no llegan a las diez canciones. Aunque en este caso no estaba tan justificado como en otros en que se habían mostrado más inspirados. Y es que *Draw The Line* iniciará una curiosa etapa, la de los discos que solo alcanzan el bien o el notable, pero que esconden algún momento brillante o al menos destacable.

Y llega el momento de analizar la reacción de la crítica, encabezada en cuanto a lo negativo por «sus amigos» de *Rolling Stone*, esta vez de mano de la pluma de Billy Altman. Ojo al palo: «*Draw The Line* es un disco realmente horrendo, caótico hasta el punto de mal funcionamiento y con un sonido casi impenetrablemente denso que se suma a la confusión. Este álbum muestra a la banda en estado de shock, atrapada por primera vez en el dilema del bis significativo. En lugar de simplemente hacer algo (que es, después de todo, exactamente cómo llegaron a la cima), parecen estar pensando en algo que hacer, y no logran encontrar ninguna respuesta». Pero esperen, esperen, que sigue, «si *Toys In the Attic* y *Rocks* demostraron que Aerosmith podía pilotar su propio avión hasta las alturas más vertiginosas, *Draw The Line* muestra que cualquiera puede desarrollar un caso grave de miedo a volar». Y para el final, el remate: «Aerosmith suena como una banda de gente que empieza, de hecho, muy parecida a los aficionados. Pueden pensar que soy perverso, pero eso me da algo de esperanza». Toma ya ¿Tan mala era la cosa? Como hemos visto no, pero cada uno tiene sus filias y fobias, y *Rolling Stone* hace tiempo que no era de la cuerda de Aerosmith. Otros critican el disco con más elegancia, como Toby Goldstein en *Crawdaddy*: «el grupo muestra el desgaste de su creatividad, la cual no se recupera hasta los últimos minutos del álbum». El público, por su parte, responde, y en un mes ya era disco de platino, pero la gente prefería que en sus conciertos tocaran las canciones de sus discos anteriores. No hay más realidad que la que ve uno mismo, y Joe Perry resumiría años después el sentir del grupo respecto al disco, que no difiere demasiado en lo apuntado. «Visto desde dentro todo parecía estupendo, pero desde fuera se podía apreciar hasta el más mínimo detalle; se nota que la música se va empastrando. No tienes más que escuchar *Draw The Line*, habíamos perdido la línea que establecimos con Rocks. Si hubiera escrito un diario, no hubiese podido expresar con mayor claridad nuestro descenso».

Night In The Ruts

(1979)

No Surprize – Chiquita – Remember [Walking In The Sand] – Cheese Cake – Three Mile Smile – Reefer Head Woman – Bone To Bone [Coney Island White Fish Boy– Think About It – Mia

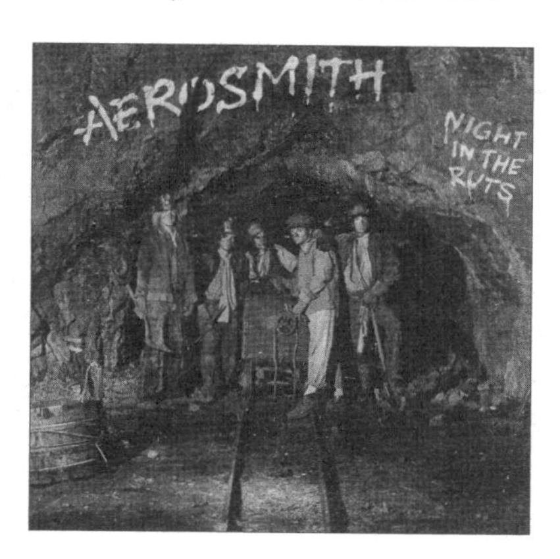

A la sexta fue la vencida. Sé que la cosa no va así. Que me estoy cargando el refranero. Pero es la realidad de Aerosmith. Y en su caso, más que la vencida, fue la perdida. Porque con *Night In The Ruts*, se confirma el descenso a los infiernos de una banda que ya había dado muestras de poder echarlo todo a perder meses antes de su publicación. Por mucho que Tom Hamilton se empeñara antes en defender que tras *Draw The Line* el grupo no estaba en decadencia, sino en un período de búsqueda musical, los hechos transmitían otra cosa muy diferente. «Creo que estamos en un momento de resurgimiento. Ahora mismo todos están muy inspirados. Después de *Toys In The Attic* y *Rocks*, nos encontramos en la cresta de la ola. Estamos vendiendo muchos álbumes y hemos pasado mucho tiempo haciendo *Draw The Line*, esto de alguna manera es satisfactorio para nosotros (...). Al final de la gira, todo el mundo estaba cansado, pero también estábamos animados. Todos se sentían estimulados». Pues cualquiera lo diría viendo los resultados. Para empezar, ese «todos» no debía incluir a Joe Perry, que dejaría el grupo durante la grabación de su nuevo disco. Y ese no sería el único problema. Porque el grupo prescindiría incomprensiblemente de Jack Douglas como productor, sin duda una de las claves de su ascenso a la cima, para dejar el disco en manos de Gary Lyons, habitual de bandas como Humble Pie y Foreigner. Además, lo del resurgimiento se entiende poco si tenemos en cuenta que para completar sus nueve temas, el grupo recurriría hasta a tres versiones, destacando sobre todo la del «Remember (Walking In The Sand)» de las Shangri-las.

La cosa se desmadró por una broma de mal gusto de Steven Tyler a Elissa, la novia de Joe y un vaso de leche lanzado por esta última y que se derramó sobre la parienta de Tom. Las cosas se salieron de madre y todos acabaron a puñetazos en el *backstage*, lo que suponía la salida casi inmediata de Perry del grupo. Aunque la cosa no era nueva. Prácticamente nadie se explica cómo consiguieron poner en circulación el excelente disco en directo que es *Live! Bootleg* (1978), pero lo hicieron. La compañía, además, los había obligado a salir de gira con ese disco, y eso solo hacía que acrecentar las tensiones entre Perry y Tyler. El cantante, a menudo, ni siquiera se aguantaba de pie y la idea de grabar así un disco nuevo era casi una utopía. Aunque se pusieron a ello la segunda mitad de 1979. Joe Perry participó en una primera tanda de grabaciones, y eso hace que su guitarra esté presente en temas como «No Surprize», «Chiquita», «Cheese Cake», «Bone to Bone (Coney Island Whitefish Boy)», y «Three Mile Smile», aunque en el resto sería sustituido por diversos guitarristas como el mismo Brad Whitford, claro está, Jimmy Crespo, que acabaría siendo elegido como su sustituto, Neil Thompson y Ritchie Supa. Pero a pesar de la presencia de Joe en más de la mitad de las canciones, la cosa no funcionó. Steven Tyler se encontraba en un estado tan lamentable durante las sesiones de grabación que se hacía un mundo para todos esperar que compusiera una letra o una melodía decente, y cuando lo hacía, la cosa palidecía claramente ante sus grandes canciones. Además, el cantante no perdonaba al guitarrista que hubiera aceptado un contrato en paralelo para hacer un disco en solitario. El odio entre ellos era evidente, llegando a poner como condiciones antes de entrar en el estudio no coincidir juntos al mismo tiempo en el lugar. De hecho, Perry contaría más tarde que muchas de sus ideas musicales las dejaría para su proyecto en solitario, ante la posibilidad de no poder trabajarlas en el estudio con Tyler, perdiendo así de manera evidente esa química que había forjado el éxito de Aerosmith.

Para ilustrar más lo que apuntamos, dejemos que Sergio Guillén y Andrés Puente nos definan el arranque del disco en su libro *Aerosmith. Viviendo Al Límite*. «*Night In The Ruts* tiene hechuras de tiovivo, de atracción que te da vueltas pero que no lleva a ninguna parte. "No Surprize", por ejemplo, es un rock con ese algo de boogie que hace que te muevas al compás; sin embargo, y a la postre, es un rock and roll sin alma. Los cuatro minutos y medio de su duración parecen exagerados para una pieza que, recortándole noventa segundos, tal vez hubiese hallado una mejor baza. Curiosamente es esta composición de los Toxic Twins una de las canciones en cuya grabación sí participó Joe Perry. No cabe duda de que Aerosmith conocen el oficio y a poco que se ponen pueden finiquitar una tonada, pero a este "No Surprize" se le echa en falta alcohol de quemar, líquido inflamable, que haga arder el tocadiscos a la primera reproducción». Me interesa especialmente esta última frase, porque es algo común a todo el trabajo, la falta de chispa. Es cierto que el grupo se muestra profesional, pero para Aerosmith eso no es suficiente. Aunque sí que sitúa al disco muy por encima en cuanto a calidad de lo que suele hacerse habitualmente al hablar de él. Como sucedería con su sucesor, es un álbum fallido, pero ni mucho menos un mal disco. De hecho es sorprendente que sin hablarse, Tyler y Perry fueran capaces de grabar canciones como «Chiquita» o «Bone to Bone (Coney Island Whitefish Boy)», a todas luces notables. Pero claro, nos habían acostumbrado al excelente. Porque que «Three Mile Smile» nos recuerde a Led Zeppelin o que Perry se saliera en el trabajo de guitarra de «Cheese Cake» no basta. Y crítica y público estuvieron en esa línea. ¡Ojo! Estamos hablando de un disco fallido en lo comercial cuando acumula un platino en su haber, pero eso prueba la grandeza que había alcanzado la banda.

A estas alturas, pocos dudarán que *Rolling Stone* le atizó al disco. Aunque David Fricke, curiosamente, fue más comedido de lo habitual. Así, después de afirmar que algunas canciones parecían tomas inspiradas descartadas de *Toys In The Attic* o *Rocks*, luego simplemente asegura que la banda no está a la altura en cuanto a ejecución. De hecho, este es un álbum que irá siendo reconsiderado con el tiempo tornando las críticas iniciales en respeto y, a veces, incluso elogios. En *Ultimate Classic Rock*, por ejemplo, hablan de un trabajo en el que «algunas canciones sonaban de manera convincente como los iniciales Aerosmith».

Rock In A Hard Place

(1982)

Jailbait – Lightning Strikes – Bitch's Brew – Bolivian Ragamuffin – Cry Me A River – Prelude To Joanie – Joanie's Butterfly – Rock In A Hard Place [Cheshire Cat] – Jig Is Up – Push Comes To Shove

Definido en muchas ocasiones como el peor disco de la carrera de Aerosmith, debo reconocer que servidor no lo situaría ni siquiera en una hipotética terna de los tres discos menos destacables de los de Boston. Y eso que lo fácil es lo contrario. Sin ni siquiera escuchar el resultado, podríamos concluir que no es un buen álbum. Steven Tyler se encuentra en uno de sus peores momentos de su relación con las drogas, si no el peor. Joe Perry ha dejado el grupo. Brad Whitford también. Y los que quedan tampoco llevan muy bien sus encuentros con drogas o alcohol. Además, estamos en plenos años ochenta, en los que el rock ya no está ni mucho menos de moda, y el poder de las máquinas, con los sintetizadores llevando la pauta, amenaza arrasar con todo. Y a pesar de eso, Aerosmith construye un trabajo que contiene buenos momentos. Quizá, en buena parte, gracias a las buenas manos del siempre recurrente Jack Douglas y de un Tony Bongiovi (primo de Jon Bon Jovi) que ayudan a un descolocado Tyler en la composición.

La perspectiva cuando el grupo se plantea grabar el disco no es la mejor, eso está claro. Pero las soluciones que creen encontrar para llevar el proyecto a buen puerto tampoco lo parecen. Como hemos apuntado en la parte biográfica, deciden llevarse a un Tyler hecho una piltrafa a Miami, a ver si al lado de la playa es capaz de escribir unas cuantas canciones y además de cantarlas. Pero frustrados, el recién llegado Jimmy Crespo, Joey Kramer y Tom Hamilton se largan a las pocas semanas de regreso a Nueva York con la firme intención de formar un nuevo grupo y abandonar a un cantante que se queda con su compañero de juergas favorito del momento, Rick DuFay, y con Gary Buermele. Así se cocina un séptimo disco que sus detractores esperan con las uñas afiladas. Sabiendo cómo está Tyler y que Perry ha abandonado el barco, la cosa solo puede hundirse. Pero no lo hace. Aunque la compañía tuviera que llegar a invertir hasta un millón y medio de dólares en diferentes conceptos para que el citado barco llegara a buen puerto. Diez canciones de las cuales nueve llevan la firma, o bien en solitario o bien acompañado, de Tyler. Entender como un tipo en el estado que presentaba Steven a finales de 1981 era capaz de escribir una letra o cantar como lo hace en el álbum lo dejaremos para otro día. El caso es que el 27 de agosto de 1982 llega a las tiendas *Rock In A Hard Place*, el nuevo trabajo de Aerosmith, y el primero que graban tras la marcha de Joe Perry y Brad Whitford, sustituidos por Jimmy Crespo y Rick DuFay. Especialmente el primero va a tener un papel fundamental en el álbum ya que firma siete temas a medias con Steven Tyler, convirtiéndose en un auténtico alma máter del proyecto, aunque mantendría sus dudas sobre su éxito hasta el último día de grabación. «Fue maravilloso y horrible a la vez» le diría al periodista Tom Guerra. «Fue maravilloso saber que podía hacer algo así y obtener ese resultado; tenían unos fans muy radicales y se morían porque el grupo hiciera algo grande, cosa que pude comprobar. Pero por otro lado fue horrible porque el grupo no cumplía, debido a todos los problemas internos que tenían entre ellos. Fue mala suerte, porque estaba convencido de trabajar con ellos, pero el espíritu no estaba allí: Steven añoraba a Joe». DuFay también lo recordaba para la revista *Metal Express*: «Las canciones ya estaban escritas. Toqué la guitarra rítmica en algunas pistas e hice algunas voces de fondo, eso es todo. Fue un caso de «aprende esta canción, así es como va». No había nada bien organizado. Habían intentado hacer ese disco durante dos años, pero Steven no podía terminar las cosas (...). Cuando fuimos a Florida, Steven estaba lo demasiado jodido como para hacer algo, se quedaba dormido cuando intentaba hacer letras (...). Nos tiramos dos o tres meses intentando que recuperara la salud. Lo sacamos de cosas difíciles, no sentamos al sol, nos reímos y establecí un vínculo con él. Estaba bastante enfermo y yo lo cuidé ¡Hasta le limpié el culo!». Después de leer esto la sorpresa por el resultado es aún mayor, e incluso valorable.

El disco arrancaba con «Jailbait», un tema que de entrada ya nos confirman que Aerosmith no se habían tirado como tantos otros al baile o a los sintetizadores. De hecho, es un tema duro y rotundo que sorprende conociendo su conflictiva génesis. Le sigue «Lightning Strikes», el único tema en que Brad Whitford tocó, antes de abandonar el grupo, y que sorprende con su introducción de órgano. Aquí ya parece claro que poca influencia queda del blues de sus orígenes y el grupo se ha instalado en un rock duro más convencional. «Bitch's Brew» es una canción que habla ¡sobre los gafes! Y aunque la letra tiene momentos sonrojantes, no deja de ser simpático. Tras él la cosa empieza a chirriar con «Bohemian Ragamuffin», un homenaje a la marihuana en el que Tyler rapea con bastante poca gracia y que solo salva el buen trabajo de guitarras de Jimmy Crespo. Quizá lo mejor, por sorprendente, del disco llegue con la versión del «Cry Me A River» de Julie London, aunque también conocida en la voz de Ella Fitzgerald. O al menos eso es lo que dice la crítica porque a mí me deja más frío que un témpano.

Las mejores letras que Steven escribiría para *Rock In A Hard Place* quedan para el dúo que integran «Prelude To Joanie», una atmosférica introducción en la que el vocoder es el protagonista, y «Joanie's Butterfly», una onírica canción que se inicia acústica para tornarse totalmente eléctrica. Experimentación bien entendida en el que probablemente sea el tema más destacable de todo el disco. «Rock In A Hard Place (Cheshire Cat)» es un tema con punch y que funciona bien, y «Jig Is Up» no se queda atrás. Al final, al grupo esos ritmos tan marcados por la batería y los riffs les sientan de lujo, y aquí se vuelve a poner de manifiesto. Acaban con «Push Comes To Shove» y la armónica de Steven dándonos la vida. Una canción cuyo encanto es su descontrol, su irregularidad, lo deslavazado de todo lo que suena y lo que Tyler canta. Una muestra fiable de lo que era su vida. Descontrolada por los litros de alcohol y las drogas. Aunque no acaba de funcionar mal tampoco, y la idea del notable se instaura al acabar el disco.

El milagro se había obrado. Aerosmith habían sido capaces de sacar un disco destacable cuando nadie daba un duro por ellos, y la prensa se hizo buen eco de la situación. Porque si bien las críticas fueron algo irregulares en Estados Unidos, la prensa británica lo ensalzó como un álbum magnífico otorgándole de manera justa, la mayor parte del mérito al trabajo de Jimmy Crespo, que viviría con este el momento más destacado de su carrera musical. Xavier Russell, por ejemplo, escribiría en la revista *Sounds* que «cuando la aguja se posó sobre el vinilo, se derritió y las fundas de mis altavoces saltaron esparciéndose por el suelo de mi comedor». «Todo el mérito es de

Jimmy», aseguraría DuFay. «Escribió algunas cosas geniales. Él era un gran fan de Aerosmith por lo que entendía lo que tenía que hacer perfectamente. Fue una pena que se desperdiciaran algunas cosas. Bueno, a alguna gente le gustó el disco». Joey Kramer, por su parte, recordaría en su autobiografía, *Hit Hard: A Story of Hitting Rock Bottom at the Top* que «hay algunas cosas realmente buenas en él. Pero no es un disco de Aerosmith porque solo somos Tom, Steven y yo con un guitarrista suplente». Seguro, eso sí, que a estas alturas estáis esperando la opinión de *Rolling Stone*. Pues ahí va: «por ser justos, es una buena fórmula, e incluso los ejemplos más débiles se sostienen lo suficientemente bien como para volver a escucharlo. Sin embargo, Steven Tyler es incapaz de dar energía a los temas más lentos, y eso acaba socavando el disco a su paso. Quizá la próxima vez que Aerosmith se acerque al rock lo conseguirán, por ahora están atrapados en un lugar difícil». Lo estaban, y eso lo demuestra la gira posterior de presentación del álbum. 72 conciertos difíciles para los que David Krebs incluso contrato al psiquiatra Lloyd Moglen para que acompañara al grupo. Todo un síntoma de la situación de esquizofrenia.

Done With Mirrors

(1985)

Let The Music Do The Talking – My Fist Your Face – Shame On You – The Reason A Dog – Shela – Gypsy Boots – She's On Fire – The Hop – Darkness

En la página 130 de su biografía sobre Aerosmith, Martin Huxley escribe que «*Done With Mirrors* capta algo del mejor rock de Aerosmith, pero la valoración global es negativa por la calidad inconsistente del material». Posteriormente Joe Perry confesaría que el grupo «comenzó con algunos riffs y los enlazaba», en vez de empezar con una composición ya pensada». Y es que, si bien estamos ante el disco que volvió a reunir de nuevo a la banda original, el álbum del reencuentro, es como mínimo osado decir que este sea mejor disco, por ejemplo, que *Rock In A Hard Place*.

Después de barajar la idea de trabajar con diversos productores, el grupo se mete en faena con Ted Templeman, un tipo que tenía en su haber los cinco primeros discos de Van Halen. El grupo, tras ver como al recoger un

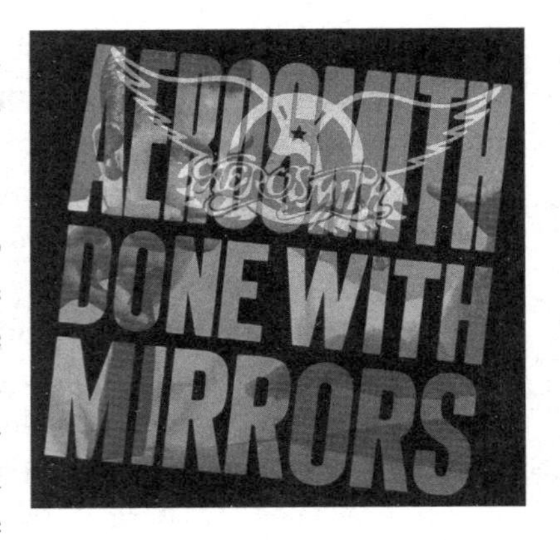

Grammy a principios de 1985 declara que Aerosmith es la banda con la que más ilusión le haría trabajar, decide llamarlo y pasar por alto otras opciones, como la de George Martin, el mítico productor de los Beatles y con el que habían trabajado en la banda sonora de *Sgt. Pepper's Lonely Hearts Club Band.* Empiezan a trabajar en los *Fantasy Studios* de Berkeley, California, aunque el disco se acabará en los *Power Station* de Nueva York. En las primeras tomas de contacto están contentos, motivados, pero una vez pasada la excitación inicial, se dan cuenta de que tienen un problema: las canciones no acaban de funcionar. Hay buenas ideas, buenos riffs de guitarra, pero no acaban de conseguir ensamblar temas completos que los dejen satisfechos. Pensaban que tras un tiempo separados la cosa iba a ser más fácil, que iban a poder retomarlo allí donde lo habían dejado, pero se engañaban. De hecho su principal atractivo acabará siendo el tema inicial, «Let The Music Do The Talking», una canción que Joe Perry había compuesto para Aerosmith antes de abandonar la banda y que había acabado formando parte de The Joe Perry Project después de su deserción. Como Mark Putterford escribiría, el tema además «se convertiría en el símbolo de la paz firmada entre Tyler y Perry. En el resto hay demasiado momento simplón, con poco *punch*, aunque como siempre se pueden encontrar cosas a destacar». «My First Your Face», por ejemplo, demuestra cómo y cuánto dominaba Aerosmith el medio tiempo, algo parecido a lo que nos pasa con el funk y «Shame On You». Por su parte «The Reason Of The Dog» es de esas canciones que, sí está bien, pero si no está tampoco crea ningún trauma al oyente. Menos aún aportaba «Shela», que abría la cara B, y viéndolo con perspectiva, aún no podemos entender qué narices pintaban ambas en el disco. Al menos «Gipsy Boots» nos devuelve a unos Aerosmith más inspirados y a toda mecha, que al final es lo que estábamos buscando. Puro Led Zeppelin, «She's On Fire» es de lo mejor del disco, aunque el tratamiento que Templeman da a la voz de Tyler no acaba de funcionar. «The Hop» cierra el álbum de manera más que decente con su imparable ritmo y una buena armónica. No es lo que esperábamos de tan cacareado regreso, pero hemos visto peores cosas en estos casos. Lo curioso es que decidieran dejar fuera excepto en la edición casete –aunque sería recuperada en posteriores reediciones en vinilo y como extra en la edición CD– «Darkness», probablemente la mejor canción del disco. Uno de esos temas que arrancan de una manera casi opuesta a como finalizan y que, aquí sí, nos trae de vuelta a un grupo inspiradísimo.

Cuando el 4 de noviembre de aquel mismo año, *Done With Mirrors* llega a las tiendas, supone un baño de realidad para la mayor parte de miembros del grupo. No esperaban que su gente les diera la espalda, y aunque eso no sucedió del todo, sí que no hubo el interés desmesurado que siempre había habido en sus publicaciones, y menos aun teniendo en cuenta lo que significaba aquel trabajo, con el regreso de Whitford y Perry al redil. «Fue una revelación» dice Tom Hamilton. «Pensábamos que los fans iban a estar ahí siempre, y no fue así.» Publicado por Geffen, tras finalizar su contrato con Columbia, la discográfica debió pensar algo parecido. Brad Whitford lo complementa, «cuando nos dimos cuenta de que el disco no iba a vender fue como un puñetazo en el estómago. Éramos tan tontos que pensábamos que con escupir en un trozo de vinilo podíamos vender como churros». Y eso que el hecho de no vender podemos considerarlo relativo. En 1993, por ejemplo, sería certificado como disco de oro, algo por lo que cualquier grupo mataría. Pero las expectativas eran otras. De hecho, por primera vez, podemos afirmar que el mundo de la música había adelantado a Aerosmith por la derecha, y ellos no se habían dado ni cuenta. Eso sí, no son pocos los que consideraran este álbum como imprescindible para que el grupo bajara a la tierra y fuera luego capaz de enlazar dos álbumes tan buenos como *Permanent Vacation* y *Pump*. Aunque primero y casi por primera vez en la historia, la crítica se había puesto de acuerdo para atacar al grupo.

En *Rolling Stone* se pudo leer que «los solos de guitarra de Joe Perry son ahora rutinarios y flojos, y los gritos de Steven Tyler hacen que Ace Frehley suene sutil». A degüello. Por su parte en *Every Records Tells A Story* nos encontramos con que «*Done With Mirrors* revela un saco mixto. «Let The Music Do The Talking» es posiblemente la última gran canción de la banda de su período clásico (apareció por primera vez, con letras diferentes, en el primer álbum del The Joe Perry Project). «My Fist, Your Face», «Darkness», «The Hop» y «Gypsy Boots» son buenos temas, pero el resto no hubiera entrado en un disco clásico de los setenta. Aerosmith cambió desde este punto». En críticas escritas en la actualidad también se observa esa tendencia. *Louder Sound* asegura que «la comparación con *Pump*, por ejemplo, a *Done With Mirrors* no le va muy bien. No está mal y se disfruta bien, en realidad no es tan malo como lo recordaba». Sergio Guillén y Andrés Puente en *Aerosmith. Viviendo al límite* escriben que «con el paso de los años, miembros de Aerosmith como Joey Kramer y Joe Perry han expresado su disconformidad con la obra producida por Ted Templeman. De cualquier manera, es evidente que este trabajo y su proceso creativo supusieron un importante revulsivo en la carrera del grupo».

Permanent vacation

(1987)

Heart's Done Time – Magic Touch – Rag Doll – Simoriah – Dude [Looks Like A Lady] – St John – Hangman Jury – Girl Keeps Coming Apart – Angel – Permanent Vacation – I'm Down – The Movie

Vamos a empezar la revisión de este *Permanent Vacation* de manera opuesta a como lo hemos venido haciendo hasta ahora, es decir, por su recepción. *Rolling Stone*, en palabras de Deborah Frost, lo destrozó, por supuesto. Fra-

ses como «han hecho uno de los movimientos más tontos de su carrera» o «la banda nunca había trabajado con personas tan decididas a convertirlos en Bon Jovi» pueblan la reseña y muestran su manía persecutoria hacia la banda. Pero leyendo entre líneas también podemos encontrar más de una alabanza. Por ejemplo cuando se afirma que «Steven Tyler nunca ha cantado con más fluidez ni ha tocado la armónica con más autoridad que en "Hangman Jury"». Muy poco para un texto que acaba asegurando que «ahora que los miembros de Aerosmith son más duros que el cuero, es una pena que no puedan encontrar colaboradores que los devuelvan en la silla de montar». Demasiado duro y descaradamente injusto, afortunadamente se trata de una excepción en cuanto al recibimiento del que no pocos sitúan como uno de los mejores trabajos de la carrera de Aerosmith. En crónicas más contemporáneas podemos leer que «es un gran álbum con potentes canciones, y uno de sus mejores trabajos» (*Sputnik Music*), «la combinación de lo nuevo y lo antiguo funciona, y el disco vendió más de cinco millones de copias» (*Ultimate Classic Rock*) o «este álbum demostró ser el catalizador crucial para reintroducir a Aerosmith en las masas» (*All Music*). Aunque quizá la crítica que expresa mejor lo que encontramos en *Permanent Vacation* es la publicada el 18 de septiembre de 1987 en el *Georgia Straight Diary*, firmada por Steve Newton: «si tienes 30 años y quieres sentirte con 17 de nuevo, escucha este disco. Y si solo tienes 17 cómpralo igualmente. Es mejor que la mayoría de lo que llaman metal actual». Por algo en 1995 se certificaría el quinto disco de platino en Estados Unidos, y por algo también sería el primer disco de oro de Aerosmith en Reino Unido.

La historia de la gestación de *Permanent Vacation* ya la conocemos en buena parte. El grupo, limpio aparentemente de drogas, y tras haber grabado una maqueta de seis canciones con el legendario Rick Rubin, con el que Tyler y Perry habían trabajado en la revisión de «Walk This Way», se pone en manos del productor Bruce Fairbairn para su siguiente trabajo. El canadiense acababa de convertir en un éxito *Slippery When Wet*, el tercer disco de Bon Jovi, y eso le avalaba ante las masas, aunque no sucediera lo mismo con buena parte de la crítica especializada que lo consideraba más un comercial que un buen productor. «Steven Tyler estaba lleno de ideas» explicaba a Steve Newton en 1998. «Tenía una gran idea y luego seguía adelante y se olvidaba la mitad de ella. Mi trabajo consistía en decirle "Steven retrocede dos pasos y mira esto". Porque él seguía adelante como un torbellino. Tenías que frenarlo y decirle, "oye, vuelve, no te olvide de esto". He conocido a otros parecidos, pero él era el más especial porque es a la vez maníaco y creativo». A pesar de esa impresión sobre la creatividad de Tyler, John Kalodner propone contratar a diversos autores de postín para que ayuden al cantante y a Joe Perry en la composición de temas. Los elegidos son Jim Vallance, respetado por su trabajo con Bryan Adams, Dasmond Child, autor junto a Jon Bon Jovi y Richie Sambora del archiconocido «Livin'On A Prayer» y Holly Knight, autora de temas para Tina Turner o Bonnie Tyler. De hecho, ellos participarán en siete de los doce cortes del disco. Los otros cinco se reparten a razón de un tema para Tyler, otro para el dúo integrado por los

Toxic Twins, otro para Steven junto a Brad Whitford, uno firmado por todos y la versión del «I'm Down» de los Beatles.

El disco arranca con «Heart's Done Time», una forma de empezar a toda mecha, con un riff fantástico y el grupo mostrando un aroma comercial (buscado) que no contenían sus trabajos anteriores. La composición, firmada por Steven Tyler y Joe Perry junto a Desmond Child no tiene desperdicio, con sonido de ballenas incluido en muestra de soporte a Greenpeace. Es un punto de partida perfecto, algo que ya echábamos de menos demasiado tiempo mirando los últimos trabajos de la banda. Además, no es una sensación estrictamente musical, ya que la letra, girando alrededor de tener una aventura con una mujer casada le va niquelada a nuestros rufianes favoritos. Lo bueno es que no será algo puntual, sino que todo el disco se mantendrá en ese nivel, como asegura Mark Putterford «guitarras maliciosas y batería atronadora, pero se apreciaba la suavidad del centro bajo los acelerados escudos envolventes; y la original producción de Fairbairn consiguió sacar la calidad más melódica de la voz de Tyler». La siguiente, «Magic Touch» es otra grandísima canción. Esta vez firmada por los *toxic* junto a Jim Vallance, parece otro tema de otro tiempo en la carrera de la banda pero traído a la actualidad, algo que llevó a algunos de sus detractores a empezar a decir que Aerosmith se habían pasado al AOR (Adult Oriented Rock). Nada más lejos de la realidad. «Rag Doll» es la tercera del lote y acabaría convertida en el cuarto single del álbum el 3 de mayo de 1988. Originalmente titulada «Rag Time» supone la aparición de la tercera ayuda compositiva del disco, la de Holly Knight. Parece ser que el título no convencía a John Kalodner y este insistió para que lo modificaran. La canción, con un aroma Nueva Orleans –de hecho es un homenaje a la ciudad– es la forma que tiene Aerosmith de entender el ragtime. Holly recuerda que «fui contratada para arreglarlo, ser el médico. Y realmente no me gusta hacer eso. No me gusta simplemente entrar y cambiar algo que alguien sintió que era lo correcto a la hora de escribir. Solía tener otro título, y entré y cambié algunas palabras. La canción estaba escrita, y siempre me arrepiento del hecho de que no pude escribir más con ellos y mostrarles lo que podía hacer, pero muchas personas me han dicho que la contribución que hice es lo que la convirtió en un éxito. A veces, simplemente girar el tornillo es lo que marca la diferencia». Probablemente si *Permanent Vacation* hubiera continuado con otras canciones menos destacables ya sería un disco recordado, porque sus tres primeros temas son magníficos, pero lo mejor es que aún faltaba mucho bueno por llegar. Y eso que «Simoriah» está entre lo menos destacado del lote, a pesar de ser un rock resultón. Quizá su problema está en las dos canciones que la rodean. Porque tras ella nos topamos con «Dude (Looks Like a Lady)», el segundo single del disco. Desmond Child, firmante de nuevo del tema junto a Tyler y Perry recuerda su sensación al presentar sus ideas. «No habían escrito nunca con alguien externo y no estaban contentos. Lo aceptaron para complacer a John Kalodner.» El resultado, en cualquier caso, es espléndido. Llamada originalmente «Crusin'For The Ladies» fue Child el que propuso cambiar su título. Steven reconoció entonces que siempre había pensado en llamarla «Dude (Looks Like a Lady)», porque la canción gira alrededor de una historia que le había ocurrido en un bar. El cantante había visto al final de la barra una chica que le había llamado la atención para comprobar al girarse esta que se trataba de Vince Neil de Mötley Crüe. De hecho la canción acabó convertida en un icono homosexual, ya que Tyler canta sobre las ganas de tener sexo con esa persona que al principio creía una chica y acaba siendo un hombre. Y eso que el grupo dudaba sobre si la comunidad gay se sentiría insultada con ella, algo que desmintió el propio Desmond Child al asegurarles que él era gay y no se sentía en absoluto insultado, sino todo lo contrario. La música además, con un excelente trabajo de vientos, es adictiva, cosa que los lleva hasta el puesto 14 de Billboard, al 4 de las listas de *Rock mainstream* y al 20 de las de singles. Cierra la cara la única canción firmada por Steven Tyler en solitario, «St. John», un tema trotón que recuerda y mucho al «Fever» de Peggy Lee.

¿Y tras eso? ¿Se podía mantener el nivel en la cara B del álbum? «Hangman Jury» nos saca de dudas. Por algo es el primer single extraído del disco. Firmada por Tyler-Perry-Vallance, la canción parte de «Linin'Track» de Lead Belly para explicar una historia tortuosa como pocas. Una mujer se enoja con su marido porque no gana suficiente dinero para mantenerlos y decide prostituirse por lo que él opta por matarla. Todo acabará con una condena de muerte. Perry brilla a la guitarra acústica y Tyler lo hace con la voz y la armónica. Le sigue «Girl Keeps Coming Apart» con una auténtica amalgama de instrumentos de viento haciendo gala de su importancia en el álbum. «Angel» es otro de los momentos grandes del disco. Una balada corta venas que será el tercer single del álbum. Una delicia. Eso sí, la canción que empezaría y acabaría de construir la leyenda definitiva de Aerosmith como grupo baladista. De hecho, John Kalodner recuerda en *Walk This Way* de Stephen Davis que «Steven Tyler dice que arruiné su carrera al obligarlo a escribir "Angel" con Desmond Child». Para tanto no sería porque el cantante iba a llevarse por ella sus buenos derechos de autor en los años siguientes. Por lo que respecta a «Permanent Vaction», la canción, no podremos describirla mejor que John Putterford. «Lo tenía todo: batería cortante, efectos de sonido y un gancho en forma de arpón que habría arrastrado a "Tiburón" hasta la orilla». Pues eso. Lo dicho. El final del álbum se encara con la versión del «I'm Down», tema que los Beatles incluyeron como cara B de «Help» en 1965. Sin duda un homenaje al grupo que los unía a todos. Y para cerrar, «The Movie», un instrumental rocoso que suponía toda una experiencia para el oyente en contraste con el resto del álbum.

«El influjo de Kalodner en lo que se refiere a lo que debe ser y donde deben ir las canciones resultaba anticuado, pero al mismo tiempo muy efectivo. Sus instintos eran divinos. Lo que sí hacía, en cualquier caso, era decirnos en su tono nasal «Steven, esto está muy bien. No nos aburras, pasa al estribillo y será un sencillo de éxito si le añades sección de cuerda» (...) A veces Kalodner escuchaba distintos estribillos después de que se hubieran compuesto las canciones». (Steven Tyler en *¿Acaso molesta el ruido que retumba en mi sesera?*)

PUMP

(1989)

Young Lust – FINE – Going Down / Love In An Elevator – Monkey On My Back – Water Song / Janie's Got A Gun – Dulcimer Stomp / The Other Side – My Girl – Don't Get Mad, Get Even – Hoodoo / Voodoo Medicine Man – What It Takes – Ain't Enough

Para muchos, entre los que me encuentro, *Pump* fue el primer contacto real con Aerosmith. Fue el disco con el que toda una generación, la nacida a mediados de los setenta, entró en el mundo de los de Boston. La cosa tiene una explicación sencilla. En España, en los ochenta, los discos que provenían del otro lado del Atlántico llegaban filtrados. No todo se publicaba y no todo se importaba, sino que previamente las compañías decidían qué podía y qué no funcionar en las tiendas. En función de ese análisis también se tomaba la decisión de si merecía la pena editar una versión española de los álbumes o distribuir simplemente algunas copias de la versión inglesa o americana de los discos. A partir de ahí solo quedaba decidir cuántos se importaban. *Permanent Vacation* fue el primer álbum en el que Geffen apuesta claramente

por el mercado español, aunque lo hace de una manera tibia. Mucho más clara será su apuesta por *Pump*, un álbum que se publica cuando los nacidos a media década anterior volteamos los quince años y que, además, se beneficiará de los comienzos de emisión de Canal +, canal de televisión de pago que comenzará a emitir el 8 de junio de 1990 y que poseía los derechos en exclusiva de MTV, cadena que no paraba de emitir el videoclip salido de aquel disco publicado el 12 de septiembre de 1989. Así, muchos pudimos comprobar cómo la *playmate* Brandi Brandt invitaba a un emperifollado Steven Tyler a una sesión de lujuria y sexo descarnado en un ascensor mientras «Love In An Elevator» nos volaba la cabeza. Comprobando además, que aquellos tipos de los que habíamos leído en revistas como *Popular 1*, que eran poco más que despojos humanos, estaban en mejor forma que nunca, y lucían perfectamente musculados en un tema cargado de rock resultón que nos hacía querer escucharlo una y otra vez. De golpe aquella canción entraba a formar parte de algunas de las listas radiofónicas y televisivas más famosas y seguidas del país, y su videoclip se colaba incluso en algún programa televisivo.

No lo habían tenido fácil. Podríamos decir que Aerosmith sufrió la llamada presión del segundo disco dos veces en su carrera. La primera fue real. Entre *Aerosmith*, el disco, y *Get Your Wings*. La segunda fue sobrevenida e inesperada. Porque *Permanent Vacation* fue una resurrección en toda regla, y ahora debían demostrar que podían mantenerse donde habían llegado. Que aquello no había sido fruto de la casualidad. Debían grabar otro gran disco o aquello habría sido solo un resurgir puntual. Y, al menos, estaban limpios. Bueno, no todos, porque Tom Hamilton, el último en rehabilitarse, aún andaba tonteando con sustancias peligrosas. Curiosamente, o quizá consciente de ellos, fue el que se tomó la fase de preproducción del disco de forma más profesional, y a pesar de su vasta experiencia, decidió tomar clases de bajo para mejorar su técnica y evolucionar en su dominio del instrumento. Además, se une a su socio Joey Kramer en largas sesiones para mejorar su compenetración como recuerda este, «intenté hacerlo más simple, concentrándome en los *grooves*. Estoy intentando mejorarme a mí mismo y hacer que el sonido del grupo sea mejor».

A finales de 1988, Aerosmith hacen una estancia en Cohasset, un pueblecito situado en el condado de Norfolk, Massachusetts con apenas 7.000 habitantes. Allí, en el estudio local *Rik Tinory Studios*, componen y practican nuevas cosas para el disco. Cuando vuelvan contarán con prácticamente treinta canciones o ideas desarrolladas de las que se sienten tremendamente satisfechos. «Sabíamos que teníamos algo bueno. Cuando regresamos de Norfolk teníamos más de veinte canciones que podían entrar en el disco y eso nunca nos había pasado. Además, nos gustaban mucho. Por primera vez estábamos seguros antes de entrar en el estudio que íbamos a salir con un gran disco bajo el brazo» diría Joe Perry a *Washington Post*. Y eso se nota. Porque el grupo no solo es capaz de mantener el nivel de *Pump* como escribiría Martin Huxley, sino de evolucionar. «*Pump* más o menos continúa en el punto que se quedó *Permanent Vacation*, explotando la mezcla característica de agresión, melodía y agudeza lírica de Aerosmith, al mismo tiempo que se adentra en un terreno más exótico. Este exotismo se manifiesta en los interludios de cantos tribales, de instrumentales extraños y de pequeñas frases que unen las canciones de *Pump*, ofreciendo una fácil accesibilidad a estas».

Para complementar el trabajo hecho por la banda se vuelve a contar con compositores externos como Jim Vallance o Desmond Child, y aunque su participación no fue tan acentuada como en *Permanent Vacation*, sí que pusieron lo necesario para que el disco siguiera siendo comercial, aspecto que al fin y al cabo era el principal objetivo de su presencia. Todos están más implicados que nunca, compositores, músicos o un Bruce Fairbairn que vuelve a encargarse de la producción tras los buenos resultados obtenidos en su anterior experiencia. El nivel de detalle llega al punto de que hasta un habitualmente despreocupado Joe Perry, que en el pasado solía alardear de solo necesitar un palo con seis cuerdas y cualquier amplificador para hacer música, cambia su equipo en beneficio del álbum. «Estábamos grabando Pump cuando empecé a buscar "amplis" antiguos porque Brad había tenido un viejo Marshall JTM 45 y sonaba increíble. Acabé hablando con él sobre algunos Vox y me dijo, «enchúfate y prueba». Había probado un par de amplis Vox anteriormente, algunos AC30, y realmente no sonaban (...) En esta ocasión probé un cabezal AC50 y una caja Vox y sonaba muy bien (...). Realmente complementa a mis Fender Strats, a las antiguas y a las nuevas, lo que para mí está muy bien ya que utilizo Fenders para la mayoría de cosas. Es un sonido diferente». Así lo explicaba Joe en una entrevista para la revista *Guitar Player*.

Pump es un disco espléndido. Uno de los mejores de la carrera de Aerosmith y en eso hay unanimidad. El 12 de septiembre de 1989 llega a las tiendas y, un año después, el 9 de octubre de 1990 tenemos el lujo de poder disfrutar de *The Making of Pump*, un documental sobre su creación. En él, Tom Hamilton desmiente, igual que hará en las páginas de *Guitar World*, esa sensación de que esta vez todo estaba perfectamente controlado: «nunca nos sentamos y dijimos "tiene que ser más así" o "tengamos cuidado de no hacer esto". Lo hecho, hecho está». Sea como fuera, *Pump* apareció en el mercado con el éxito prácticamente garantizado. «Love In An Elevator» había sido lanzado como single a principios de agosto y su presencia en las radios y, sobre todo, la constante emisión de su videoclip en MTV aseguraban una buena recepción. De hecho no se recordaba tanta expectación por un disco de la banda en mucho tiempo.

El álbum se inicia con «Young Lust» y «F.I.N.E.» (acrónimo de *Fucked Up*, *Insecure*, *Neurotic* y *Emotional*) dos trallazos hard rock en los que se resumirá la participación de Jim Vallance y Desmond Child. La primera es un arranque perfecto. Una canción que surge de una idea desarrollada en Norfolk con la que Perry se presenta en casa de Jim Vallance. Allí le asegura que quiere que suene como un dinosaurio comiendo coches, y juntos desarrollan la música para dejar la letra en manos de Tyler. Una letra con la que se quiere manifestar que el grupo sigue sintiéndose joven, a pesar de que todos rondan ya los cuarenta. Por su parte, «F.I.N.E.» será el segundo sencillo extraído del disco, justo en el mismo momento de su publicación, aunque no saldrá a la venta de manera individual, sino que solo se utilizará para promoción. Según Tyler, compositor de la letra sobre la música de Joe Perry y Desmond Child, el tema es la «descripción exacta de como he estado durante años» en referencia a su título: jodido, inseguro, neurótico y emocional. A «Love In An Elevator» ya la conocemos. La voz de Catherine Epps nos invita a un viaje sexual en un ascensor en lo que se rumorea, por supuesto, que se trata de una historia real vivida por Steven. Una canción que llevará al grupo al puesto número 5 de las listas de *Billboard* y al número 1 de la de *Rock Mainstream*. «Monkey On My Back» trata de las dificultades del grupo, y en especial de Steven con las drogas. No es difícil suponer a qué se refiere ese «mono en las espaldas» de su título. Perry y Tyler aseguran que es la primera canción que tuvieron para el disco, un tema rotundo en cuya letra intentó mediar John Kalodner, sin conseguirlo, para que no fuera tan evidente. Cierra la cara otro de los pelotazos del disco ¿y cuál no lo ha sido? «Janie's Got A Gun» es una canción suprema que, además, trata un tema tan espinoso como el abuso sexual infantil. Aquí, además, Kalodner volvió a insistir en que la suavizaran y Tyler aceptó algún cambio en la letra. El cantante explicaría claramente en la autobiografía *Walk This Way* su intención, «trata sobre una niña que fue violada y saqueada por su padre. Se trata de incesto, algo que le sucede a muchos niños que ni siquiera se enteran al respecto hasta que se encuentren tratando de superar algunas de sus principales jodidas neurosis». Steven explicó algo parecido a la revista *Time*, asegurando que la canción combinaba la noticia de la gente que muere cada minuto en Estados Unidos por las armas con otra en la que había leído sobre el abuso sexual infantil. Sorprendentemente, dada su temática, fue elegida como tercer single del disco y acabaría aportando un Grammy a la banda como mejor interpretación vocal de un grupo.

Tras una cara A de ese calibre –quizá la más homogénea y compacta de su carrera– era difícil mantener el nivel en la B. Solo hace falta oír el dulcimer de los Apalaches que da entrada a «The Other Side» para darnos cuenta de que volvemos a estar más que equivocados. Se trata de todo un hit, un tema comercial a más no poder, de herencia *beatleiana* pero en el que la banda no pierde ni un gramo de intensidad. «My Girl» es puro boogie setentas, magnífica en su ritmo y totalmente adictiva. Un contraste perfecto con el didgeridoo (instrumento de los aborígenes australianos que emite sonidos de baja frecuencia) que da arranque a «Don't Get Mad, Get Even», un tema pantanoso y bluesero con un Steven Tyler directamente insuperable. Le sigue «Voodoo Medicine Man» con su letra oscura y mágica. Quizá es el tema más extraño del corte pero el trabajo de Joe Perry hace que no desentone en absoluto en el resto del álbum. Pero ¿y la balada de turno? Tranquilícense. Que ahí está el cierre con «What It Takes», a menudo olvidada entre los grandes temas lentos del grupo, y un temazo en toda regla. Según John Kalodner en *The Making of Pump*, «una jodida obra maestra». Y una letra juguetona por parte de un Tyler que se entretiene haciendo referencia a otras canciones del grupo. El disco se completará, solo en el mercado japonés, con «Ain't Enough», otro tema sobre los excesos del pasado en ella banda.

Pump entró en los primeros puestos de listas de Alemania, Noruega, Suecia, Suiza, Japón y, por supuesto Reino Unido y Estados Unidos. En su país sería el único disco de la banda en tener tres singles en el *Top 100* de *Billboard*. Una recepción mediática que coincidiría con la crítica. La revista *Q* lo definió como el mejor disco de metal del año, *Time* aseguró que era el mejor álbum de la carrera de Aerosmith y sus «viejos amigos» de *Rolling Stone* escribieron que Aerosmith seguía siendo la banda reina del rock duro. Todo el mundo se inclinó ante ellos. *Pump* fue el culpable.

Get A Grip

(1993)

Intro – Eat The Rich – Get A Grip – Fever – Living' On The Edge – Flesh – Walk On Down – Shut Up And Dance – Cryin' – Gotta Love It – Crazy – Line Up – Can't Stop Messin' – Amazing – Boogie Man – Don't Stop [From ®Livin' On The Edge¯ Single] – Livin' On The Edge [Acoustic Version]

Lo habían hecho dos veces. *Permanent Vacation* era un gran disco, y con *Pump* se habían superado pero ¿podrían hacerlo tres? La respuesta es, por supuesto, tremendamente subjetiva. Encontraremos críticas hacia la banda considerando que *Get A Grip*, el disco que nos ocupa, es el principio de su caída al lado más infame del *mainstream*. Pero también otros, entre los que me encuentro, que ven el álbum como la conjunción perfecta entre el hard rock y el rhythm and blues de la banda y una dosis de comercialidad imprescindible para seguir, como ellos querían, siendo considerados una de las bandas más grandes del planeta.

Get A Grip es uno de los trabajos mejores planificados de toda la carrera de la banda, y eso se nota. No en vano hay un hecho que «escuece» a los miembros de Aerosmith. Guns n'Roses, aquella banda que les había hecho de teloneros y a la que habían ayudado en otras ocasiones era considerada por la mayoría de críticos la banda más grande de rock and roll del planeta, por delante incluso de nuestros chicos, y los mentideros aseguraban que su nuevo trabajo, al que iban a titular *Use Your Illusion*, que además sería doble, los iba a confirmar como los únicos números uno. Y Steven Tyler, especialmente, no estaba dispuesto a no hacer nada para que así fuera, por lo que se empleó a fondo en el estudio. Un proceso largo en el que el grupo volvió a dedicar, aunque esta vez por separado, unos meses para componer antes de entrar en *A&M Studios* en enero de 1992 para grabar unas canciones que no llegarían a publicarse hasta abril de 1993. Unos temas producidos de nuevo por Bruce Fairbairn y en el que, otra vez, repetirán el hecho de contar con compositores externos para completar sus propias ideas. Esta vez, de hecho, serán más que nunca: Desmond Child, Jim Vallance, Mark Hudson, Richie Supa, Taylor Rhodes, Jack Blades y Tommy Shaw. Martin Huxley explica en su imprescindible biografía de la banda publicada en castellano por Cátedra en 1998 que sería en esa residencia de un par de meses en los A&M Studios donde el disco cogería realmente forma. Fue durante esas sesiones cuando el grupo compuso las cinco canciones que configuran la esencia conceptual y musical de *Get A Grip*: «Eat The Rich», «Get A Grip», «Fever», «Crazy» y «Amazing». Satisfechos con el resultado, los cinco miembros de Aerosmith vuelven a sus casas con la sensación de tener buena parte del trabajo hecho, pero entre julio y agosto pueden oír el disco que los Guns están a punto de lanzar –lo harán el 17 de septiembre– y se dan cuenta que no será suficiente con unas canciones más de relleno para completar los temas que ya tenían de las sesiones anteriores. Además, la explosión grunge ya es un hecho, con la publicación también en septiembre del legendario *Nevermind* de Nirvana.

Así que, con cambio de estudio incluido, esta vez se dirigen a los *Little* Mountain Studios donde grabarán «Livin' On The Edge», «Flesh», Walk On Down», «Shut Up And Dance», «Cryin'», «Gotta Love It», «Line Up», y «Boogie Man». Durante el proceso final, además, le dieron mucho protagonismo a la figura de Brendan O'Brien. Este había sido el ingeniero de sonido, entre otras cosas, de *Shake Your Money Maker*, el primer disco de The Black Crowes, debut que a Steven Tyler y Joe Perry había encantado. En este caso se encargaría de la mezcla de las canciones, en la búsqueda de ese sonido de los setenta actualizado que el grupo perseguía constantemente y que O'Brien va a saber encontrar.

De manera sorprendente el disco arranca con un rapeado de Steven Tyler y un guiño final con riff incluido a «Walk This Way» para dejar paso a una especia de ritmo tribal con el que se inicia «Eat The Rich», a la postre segundo single del disco. Una canción rotunda y aplastante. Un aluvión de sensaciones rock con el grupo dejándoselo todo. Estribillo coreable y un riff de esos inolvidables como solo Joe Perry es capaz de componer. Un arranque soberbio que confirma «Get A Grip». Cuando difícilmente te has recuperado de un arranque tan vertiginoso, la batería de Joey Kramer marca la entrada de la canción que titula al disco. Un tema vacilón que muestra un momento brillante de Tyler a la voz ¿Y qué decir de «Fever»? Una de las canciones estrella del álbum. Desenfreno y recuerdos a los mejores momentos del grupo en los setenta con una letra que, claro, ya no va sobre drogas, sino sobre sexo. Al final estamos hablando de placeres y esos son los que Aerosmith tienen grabado a fuego en su lista de prioridades, aunque el primero haya sido aparcado. «Livin' On The Edge» es el primer single del disco, publicado casi al mismo tiempo como sencillo, y con versión acústica incluida. Una canción larga para ser elegida como single con sus más de seis minutos. Reconocible para siempre por la entrada oriental que diseña Perry antes de que Tyler cante de manera reposada una estrofa previa a la explosión del estribillo. Si no fuera por su duración excesiva para las ondas, diríamos que es el tema perfecto para las radio fórmulas. Un medio tiempo bien cantado, resultón, efectivo. El resultado, nueve semanas en el número uno de la lista de canciones de *Billboard*.

«Flesh» es otro tema largo que casi llega también a los seis minutos y en cuya composición participa Desmond Child. Siempre me ha parecido de lo menos inspirado del disco, pero no son pocos los que lo tienen por uno de sus temas favoritos. Cuestión de gustos, claro. Quizá es que después llega «Walk On Down» con otro muy buen momento vocal de Joe Perry, y ya lleva unos cuantos en su discografía. «Shut Up And Dance» es un tema de transición con una letra, eso sí, cargada de guiños irónicos de Tyler. Tras ella arranca la fase más calmada pero no exenta de intensidad del disco. Lo hace con «Cryin'», baladón y éxito inmediato. Un tema sobre una relación que empieza bien pero que tras varios altibajos acaba torciéndose. La leyenda del disco asegura que la compañía rechazó las primeras canciones que le llegaron de *Get A Grip* y que, como respuesta, el grupo contraatacó presentando esta balada insuperable que, por supuesto, les encantó. En su videoclip, además, aparecerá por primera vez la actriz Alicia Silverstone, que protagonizará también las versiones audiovisuales de otros dos temas del álbum, «Amazing» y «Crazy». «Gotta Love It» no es mal tema, pero hallarse entre «Cryin'» y «Crazy» hace que nos olvidemos rápidamente de ella. Un arranque prácticamente hablado sobre un colchón marcado por la armónica da paso a un tema compuesto para *Permanent Vacation* pero que no entró en el disco por ser de un estilo demasiado similar a «Angel». En su videoclip, por cierto, aparece junto a la citada Alicia Silverstone, Liv Tyler, hija de Steven. «Line Up» es demasiado extraña en el conjunto del disco con colaboración de Lenny Kravitz incluida, y además sufre del mismo defecto que «Gotta Love It», en su caso estar entre «Crazy» y «Amazing». Esta es la tercera balada potente del disco, y la que menos éxito comercial tuvo, siendo probablemente la mejor de ellas. Parece escrita con un manual en la mano. Entrada de piano, desgarradora voz, y una preciosa melodía, con un puente perfecto en el que, por cierto, se hace un guiño en la letra a *Permanent Vacation*. Habían hecho lo imposible. Tres baladas prácticamente consecutivas y tres éxitos. Y lo mejor es que el disco no se resiente, aunque los que ya aseguraban que el grupo se estaba reblandeciendo y se estaba convirtiendo en una banda de baladas tienen aquí su coartada perfecta. El disco lo cierra el instrumental «Boogie Man», aunque de eso poca gente se acuerda ante un final tan épico como el de «Amazing».

En la actualidad, *Get A Grip* lleva más de veinte millones de copias vendidas, y en su momento vendió cinco de manera fulgurante. A eso hay que sumar un par de Grammys que no evitaron, eso sí, el azote de la prensa. Poco importa. Habían facturado un gran disco gracias a que como Tyler confesaría en *Rolling Stone* «controlamos todas las cosas que nos hacen Aerosmith. Controlamos todo aquello que a veces se hace demasiado refinado en el camino. Nos dimos cuenta de lo que se trata. Al final esto es ¡rocksimus maximus!». Juanjo Ordás definiría perfectamente en *Efe Eme* en una revisión en 2009 de la carrera de la banda el contenido de *Get A Grip*: «Decir que con *Pump* tocaron techo sería mucho decir, especialmente si a este le siguió el multiplatino *Get A Grip*, un disco que nació en plena revolución grunge y quizá de ahí que cierto ambiente alternativo y sombrío planeara sobre canciones como las buenísimas "Flesh" y "Gotta Love It". De todos modos, se trató de un disco que reincidía en la formula ya planteada y explotada: Rock, balada y pulcra producción y mezcla. Pero si la fórmula funcionaba no había porqué cambiarla. Por última vez, Aerosmith facturarían rock grasiento a pesar de la limpieza sonora ("Eat The Rich", "Fever", "Get A Grip"), aunque ahora la balada no sería una, sino dos ("Amazing", "Crazy") y está vez la aproximación al folk electroacústico sería un single magnífico ("Livin' On The Edge"). Sin embargo, es importante destacar un tema como el hit a medio tiempo "Cryin'", una canción que pese a su comercialidad jugaba con acordes propios del blues que el oído atento apreciará».

Nine Lives

(1997)

Nine Lives – Falling In Love [Is Hard On The Knees] – Hole In My Soul – Taste Of India – Full Circle – Something's Gotta Give – Ain't That A Bitch – The Farm – Crash – Kiss Your Past Good-Bye – Pink – Falling Off – Attitude Adjustment – Fallen Angels – I Don't Want To Miss A Thing

La grabación del duodécimo disco de Aerosmith fue, para qué negarlo, un desastre. Un conjunto de circunstancias confluyeron para que las cosas no acabaran de fluir como debían y eso, por supuesto, influyó en el resultado. Por ello es habitual considerar su anterior trabajo, *Get A Grip*, como el último gran disco de Aerosmith, opinión que comparto, aun considerando que en lo que resta de su discografía se pueden encontrar buenos momentos.

Para empezar, la banda deja Geffen y vuelve a Columbia, que había sido absorbida por Sony. El grupo se deja llevar por la cantidad de dólares que les ponen encima de la mesa, pero se olvida de analizar una situación ciertamente contradictoria. Es evidente que su nueva discográfica esperará de Aerosmith un álbum para todos los públicos, algo que se venda como rosquillas, canciones que sean, por encima de todo, comerciales. Es interesante ver el contraste casi hiriente entre eso y las declaraciones de Joe Perry a la revista *Rolling Stone*: «cuando vamos a grabar nos fijamos en lo que no nos gustaba del disco anterior e intentamos que eso nos sirva de estímulo en nuestra siguiente grabación. *Pump* fue un buen disco, que recogía buena parte de lo que aprendimos con *Permanent Vacation*, pero era demasiado pulido. Y *Get A Grip*, aún más. Queremos algo más crudo». Y por esa razón se cargan a Bruce Fairbairn, que había hecho un trabajo excelente, y fichan a Glen Ballard, artífice del gran éxito de Alanis Morissette, *Jagged Little Pill*. El resultado de lo que graban juntos es un desastre. Además Joey Kramer había dejado el grupo tras entrar en una depresión por la muerte de su padre y se rumoreaba que Steven Había vuelto a caer en las drogas. Algo que Tim Collins creía a ciencia cierta y que le llevó a ser despedido. El colmo es que Tyler llevaría su ego a niveles desmedidos y eso estaría a punto de acabar no solo con el disco, sino con el propio grupo. El álbum se convirtió en un mano a mano entre Ballard y el cantante que el resto de la banda no admitía y que, afortunadamente, la compañía rechazó.Todo un puñetazo encima de la mesa que puso –algo– las pilas a la banda. No habían hecho una inversión multimillonaria para acabar con un álbum experimental que no sonaba para nada a Aerosmith. Así que ya podían acabar con sus historias internas y grabar un álbum como Dios mandaba. Y lo hicieron. Al menos en parte. Porque el disco acabaría, a pesar de no ser uno de sus mejores trabajos, en el número 1 de la lista de *Billboard*.

Tras prescindir de Ballard, que no había captado en absoluto la esencia de Aerosmith se optó por la producción de Kevin Shirley, y el álbum se empezó a grabar de cero con Kramer de vuelta tras recuperarse de sus problemas. Y la cosa empieza bien. No olvidemos que estamos hablando de unos músicos que bordean los cincuenta años y el tema titular, con el que arrancan, con Tyler haciendo de gato, rockea. Vaya si lo hace. La cosa parece que va bien, pero claro, luego todo se tuerce. «Falling In Love (Is Hard On The Knees)» parece la hermana pequeña y tonta de «Love In An Elevator». Eso sí, quede claro una cosa. A estas alturas, un tema mediocre de Aerosmith es un tema bastante bueno para cualquier otra banda. El problema es que para ellos el listón está muy alto. Poco tarda en llegar la balada de turno. Un «Hole In My Soul» que es buen tema pero inferior a las canciones lentas de *Get A Grip*. «Taste Of India» con su toque oriental es aceptable, pero ahí se tuerce todo. «Full Circle» es otro tema lento que, esta vez, no funciona en absoluto. Y lo que viene detrás tampoco. Ni «Something's Gotta Give», ni «Ain't That a Bitch», ni «The Farm», ni «Crash», ni «Kiss Your Past Good-Bye». Afortunadamente llega «Pink», un tema resultón, sin más, pero que se convierte en todo un hit y lo mejor de la segunda parte del disco. «Falling Of» es directamente olvidable, y el final con «Fallen Angels» y su atiborrado arreglo orquestal innecesario. Además dura ocho inacabables minutos, mostrando cómo el grupo había perdido ciertamente el norte dentro de su orgía de éxito. Por eso las críticas fueron sangrantes. La recién estrenada revista *Uncut* le atiza, y también lo hacen *New Musical Express* o el *Chicago Tribune*. En una de esas vueltas de tuerca incomprensibles de la prensa musical, solo *Rolling Stone* parece defenderlos ligeramente y Elysa Gardner firma que «para aquellos que simplemente no pueden soportar una colección de canciones de Aerosmith sin su dosis habitual de *power ballads*, *Nine Lives* no defrauda». Por cierto, en su reedición incluiría la multipremiada balada «I Don't Wanna Miss A Thing».

Just Push Play

(2001)

Beyond Beautiful – Just Push Play – Jaded – Fly Away From Here – Trip Hoppin' – Sunshine – Under My Skin – Luv Lies – Outta Your Head – Drop Dead Gorgeous – Light Inside – Avant Garden – Face

Para no pocos críticos y fans de Aerosmith, *Just Push Play* es el peor disco de la carrera de la banda. Un álbum parapetado tras una horrorosa portada que, y eso es indiscutible, baja mucho el nivel. En *Mondosonoro*, los defienden, «resulta incluso infantil esperar a estas alturas que Aerosmith nos vuelvan a sorprender con un clásico a la altura de *Rocks* o *Toys In The Attic*. Es sabido que tras el éxito inesperado de *Permanent Vacation* y *Pump*, Tyler y cía. decidieron dejar de ser el combo de rock duro infeccioso y corrosivo de otras épocas para pasar a ser parte del *entertainment* americano, a la altura de gente como Britney Spears o los Backstreet Boys. Su papel en el juego es el de interpretar a la gran banda de rock del país. En ese contexto, podemos esperar como máximo que la lucidez en sus nuevas composiciones consigan las cotas que demostraron a finales de los ochenta. Y, en ese sentido, con *Just Push Play* podemos estar contentos». O no, porque si nos tiene que dejar contentos que el disco de Aerosmith sea reseñado citando aunque sea de pasada a Britney Spears o a los chicos de la calle de atrás, mal vamos. Lo mejor para el grupo es que, la crítica más cruel llegaría con el tiempo, porque en su momento el álbum es bastante bien recibido. Parece que Aerosmith ya tiene un bagaje suficiente como para no cargarse un disco suyo de entrada. «Nuevo siglo, los mismos viejos Aerosmith. Los mismos cinco chicos. Los mismos riffs deshuesados y coros de crack. Las mismas metáforas» (*Rolling Stone*). «*Just Push Play* tiene un sonido más crudo y más al límite que ningún otro disco que Aerosmith haya editado desde *Pump* (1989). Ya no está aquí el pop satinado de *Nine Lives* (1997), álbum coproducido con Glen Ballard, ni las *power* baladas pulidas como «I Don't Want to Miss a Thing». En su lugar hay un bruto ataque de guitarras, una actitud lasciva y el inoxidable talento de Aerosmith a la hora de mezclar giros y fraseos deformes con melodías combustibles e insinuantes» (*La Nación Argentina*). Afortunadamente para los que opinamos otra cosa, Juanjo Ordás lo pondría en su sitio años después en *Efe Eme*: «Un disco sin carne, frío y por momentos aburrido. La Zeppeliniana "Beyond Beautiful" eran una buena canción, igual que la enérgica "Light inside" o el tema titular (aunque no dejaba de ser un remedo de "Walk This Way"), pero más allá poco aprovechable había. El problema de *Just Push Play* es la falta de buenas canciones. La producción moderna podría quedar a un lado si la materia prima sobre la que trabajó la banda hubiera sido de calidad, pero se trataba de canciones de esencia mediocre».

Un análisis perfecto, porque si de algo carece *Just Push Play*, grabado entre abril y diciembre de 2000, y publicado el 6 de marzo de 2001 es efectivamente de buenas canciones. Incluso me atrevo a decir que hasta Ordás es demasiado suave. No hay ninguna canción excelente en *Just Push Play* y eso, hasta ahora, no había pasado en ningún disco de Aerosmith. Ni siquiera su supuesta canción estrella, «Jaded» nos saca del tedio general. Con decir que fue muy bien recibida en las listas de pop está todo dicho. A eso le sumamos que ni las baladas se salvan. «Fly Away from Home» debía ser el tema lento por excelencia del álbum. Simplona y poco inspirada, es un insulto ponerla ante las grandes *power ballads* del grupo. Y ya no digamos el clásico truco de recurrir al funk que aquí toma el título de «Trip Hopin». Otro intento sin conseguirlo de volver al pasado. Motivos de sobras para que las ventas se resintieran y fuera el disco peor vendido de Aerosmith en mucho tiempo.

Honkin'On Bobo

(2004)

Road Runner – Shame, Shame, Shame – Eyesight To The Blind – Baby, Please Don't Go – Never Loved A Girl – Back Back Train – You Gotta Move – The Grind – I'm Ready – Temperature – Stop Messin' Around – Jesus Is On The Main Line – Jaded

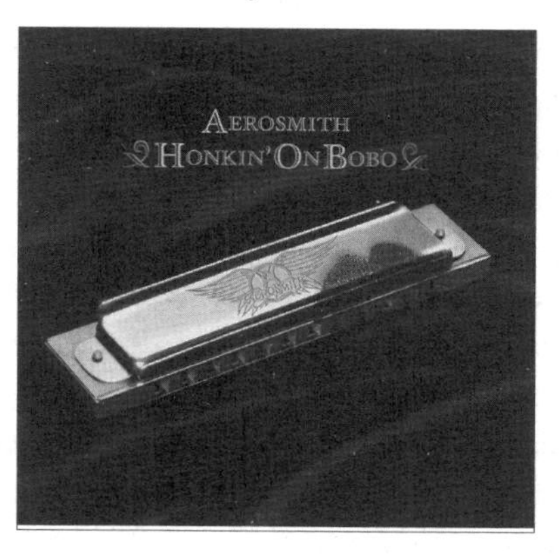

Cuando Steven Tyler entró en los *Boneyard Studios* en 2003 para grabar el decimocuarto disco de la carrera de Aerosmith tomó por costumbre utilizar la expresión *Honkin'On Bobo* para referirse a tocar la armónica al estilo blues y, sin saberlo, estaba dándole título al disco. Los *toxic twins* se encargaron de la producción junto al habitual Jack Douglas y Marti Frederiksen, en un trabajo con el que pretendían rendir tributo a una música como el blues, que les apasionaba, y a alguno de sus intérpretes más favoritos del género. Ahí va un repaso a las canciones grabadas.

«Road Runner» (Bo Diddley). Una canción clásica donde las haya, grabada originalmente por su compositor, Bo Diddley, en 1959 en Chicago y que no debe confundirse con «I'm A Road Runner», otro blues popularizado en este caso por Junior Walker. Una canción que –cualquiera diría que les molestaba la dichosa comparación– fue grabada por los Rolling Stones en 1963. Con esos *beep beep* tan característicos de la serie de dibujos animados de *El Coyote y el Correcaminos*. Aerosmith, evidentemente, hacen suya la canción.

«Shame, Shame, Shame» (Smiley Lewis). Firmada por Smiley Lewis, *bluesman* de Nueva Orleans fallecido en 1966, Aerosmith llega a este jugoso y bailón tema gracias a la versión de Jimmy Reed, una de sus grandes referencias en cuanto a blues se refiere. No es la única revisión de un tema de Reed en la carrera de los de Boston ya que, por ejemplo, también versionaron «I Ain't Got You».

«Eyesight to the Blind» (Sonny Boy Williamson II). Otro blues de doce compases, esta vez firmado por Sonny Boy Williamson II, también conocido como Rice Miller. Aerosmith se marca una vacilona versión con protagonismo absoluto de la voz de Tyler, la guitarra de Perry y el piano de Johnnie Johnson. Un tema ideal para la banda, ya que partiendo de la Biblia y los milagros que en teoría podía hacer Jesús, se explica la historia de una chica que tiene la misma capacidad gracias a su alarmante sexualidad. Aunque si por algo es conocida la canción es porque apareció en la ópera *Tommy* de The Who, interpretada por Eric Clapton en el papel del Predicador.

«Baby, Please Don't Go» (Big Joe Williams). Un clásico entre los clásicos, estamos sin duda ante una de las mejores versiones del disco. El único pero que se le puede poner es el hecho de que, con la cantidad de temas blues que hay para versionar, esta se haga demasiado evidente. Aunque no será aquí donde pondremos muchos peros más a una interpretación realmente perfecta. La canción, por cierto, fue incluida en la lista de 500 canciones que dieron forma al Rock and Roll del *Rock And Roll Hall Of Fame*. Y ya que estamos, otro tema que ya interpretaron los Rolling Stones.

«Never Loved a Girl» (Aretha Franklin). Aquí la cosa tiene truco, porque Aerosmith cambian ligeramente la letra del «I Never Loved a Man (The Way I Love You)» que Ronny Shannon compuso para que Aretha Franklin convirtiera el tema en el primer gran éxito de su carrera. Una canción en que el protagonista es la víctima de una tortuosa relación. En esta ocasión Tyler cede algo de terreno en cuanto a protagonismo para que lo asuman las guitarras y, sobre todo, la sección de vientos.

«Back Back Train» (Mississippi Fred McDowell). Uno de los *bluesman* favoritos de Joe Perry y Brad Whitford, y uno de sus temas favoritos. De hecho, el guitarrista se encargará de la voz en una de las mejores interpretaciones vocales de su carrera. Pero a la vez, el tema es toda una orgía de aspectos destacables: coros femeninos, armónica, slide. Para muchos el mejor tema de todo el disco, y con razón.

«You Gotta Move» (Mississippi Fred McDowell). La cara B del disco se abre igual que se cerraba la A, con una versión de la que quizá sea la canción más conocida de Mississippi Fred McDowell. Otra vez podemos acusar al grupo de poca originalidad, ya que es una canción demasiado interpretada. Al menos el grupo se aleja bastante de la versión original y, sobre todo, de la versión que The Rolling Stones, otra vez, incluyeron en *Sticky Fingers*. Incluso introducen algunos versos escritos por el propio Steven Tyler.

«The Grind». Y ya que hablamos de escribir, nos topamos con el único tema del disco escrito por Tyler y Perry con la ayuda de Marti Frederiksen. Un baladón cortavenas que desmiente a aquellos que decían que el grupo había optado por un álbum de versiones ante un mal momento de inspiración.

«I'm Ready» (Willie Dixon). Canción interpretada originalmente por Muddy Waters cuya versión está muy por encima de la de Aerosmith. Un auténtico estándar del blues que parece haber sido grabada con el piloto automático y donde la energía fluye poco. Resbalón importante para el conjunto del disco.

«Temperature» (Little Walter). Si algo hay que destacar en esta revisión del clásico de Marion Walter Jacobs, más conocido como Little Walter, es la extraordinaria interpretación a la armónica de un Steven Tyler que ya ha demostrado a estas alturas de su carrera que domina el instrumento. Si no fuera por eso, la canción también palidecería ante otras versiones del álbum, pero Tyler la salva con sus soplidos.

«Stop Messin' Around» (Fleetwood Mac). Sorpresa. A estas alturas ya nos habíamos acostumbrado a versiones de grandes *bluesman* primigenios, pero no habíamos encontrado ninguna revisión de un tema de alguien de segunda o tercera generación. Y aquí está esta revisión de los Fleetwood Mac de Peter Green. Aquí brillan todos. Perry a la voz, de nuevo, Tyler a la armónica, otra vez, y Whitford a la guitarra, encargándose incluso de un solo.

«Jesus is on the Main Line» (Tradicional). Y para acabar un tema góspel y la tercera aparición de Mississippi Fred McDowell en el disco, porque si bien no es un tema suyo, sí que la versión está basada en sus arreglos. Otro momento en el que la banda está de notable, pero no de excelente.

El 30 de marzo de 2004, con una armónica de blues que tiene el logo de Aerosmith grabado, y de paso mostrando el protagonismo de ese instrumento en el disco, *Honkin'On Bobo* llega a las tiendas, con la canción extra

«Jaded» en su versión japonesa. Lo hace con polémica. Muchos son los que afirman que ha pasado demasiado tiempo desde *Just Push Play* –tres años casi exactos– para que ahora el grupo aparezca con un disco que solo incluye un tema propio. Las ventas, eso sí, responden. 160.000 discos vendidos en su primera semana y número 5 en Billboard. La crítica, como casi siempre en el caso de Aerosmith, se divide. Los hay que califican el disco de flojo, como Jon Pareles en *Blender* que habla incluso de versiones poco respetuosas, mientras otros como *Blues Incorpored Magazine* hablan directamente de basura. Algunos, como Stephen Thomas Erlewine en *AllMusic* dirán que no hay que analizarlo como disco de blues, sino como un álbum de rock. Sí, sé que están esperando la opinión de *Rolling Stone*. Pues el habitual David Fricke lo deja en notable y asegura que no solo es un homenaje a los clásicos del blues, sino también a las bandas de blues rock de los sesenta y los setenta. Por su parte, *Sputnik Music* hace un doble análisis del disco. En él asegura como positivo que «nunca fui un gran fan del blues, pero este álbum mezcló hard rock y blues y creó un buen ambiente para mí», mientras que en lo negativo destaca que «disfruté la intensidad de este álbum, pero no encontré consistencia. No me malinterpreten, disfruto todo el álbum, pero algunas canciones, en mi opinión, podrían haberse hecho mucho mejor».

Music From Another Dimension

(2012)

LUV XXX – Oh Yeah – Beautiful – Tell Me – Out Go The Lights – Legendary Child – What Could Have Been Love – Street Jesus – Can't Stop Lovin' You – Lover Alot – We All Fall Down – Freedom Fighter – Closer – Something – Another Last Goodbye

Tortas como panes. Eso es lo que le cayeron a Aerosmith con la publicación del disco con el que llegaban a los 15 trabajos en estudio. Lo curioso es que Joe Perry, no sabemos si más llevado por la ilusión de un nuevo trabajo o las estratagemas comerciales declaró sin rubor a *Blabber Mouth* que «este es el disco que queríamos hacer desde que la banda volvió a unirse en 1984. No me voy a quejar de los singles número uno o las giras mundiales con las entradas agotadas impulsadas por los otros discos, ya que abrimos el camino de

Aerosmith a nuevos seguidores. Pero este es el disco que cuando estamos los cinco en una habitación gritando y subimos el volumen en una habitación que bien podría estar en el 1325 de Commonwealth Avenue». Pues cualquiera lo diría, amigo Joe, porque el disco resultante de unas sesiones llevadas a cabo entre el verano de 2011 y la primavera de 2012 es otro de los que tiene muchos números para ser considerado uno de los peores de la carrera de la banda. Y eso, siendo probablemente el último trabajo en estudio que graben, y por lo tanto su epitafio, es algo que duele a los ojos y, sobre todo, a los oídos.

Hasta en nueve estudios diferentes llegaron a grabarse tomas que acabarían de uno u otra manera en *Music From Another Dimension*. Eso llevó a que, hasta tres productores, además de Perry y Tyler, participaran en el álbum. Son el eterno Jack Douglas, Merti Frederiksen y Warren Huart. Dos datos que pueden parecer simples curiosidades, pero que prueban que la banda estaba más preocupada por otras cosas que por grabar un buen trabajo. Sus compromisos sociales son ineludibles y, sobre todo, Steven puede desplazarse poco, ya que debe grabar semanalmente *American Idol*, con lo cual deciden que la banda se vaya desplazando a algún lugar cercano a Los Ángeles, cerca de los estudios televisivos. Eso saca de quicio en bastantes ocasiones a un siempre profesional Jack Douglas que avisa de que el disco se va a resentir y que puede mostrar una falta de coherencia que, al final, tampoco será el principal de sus problemas. Este se encuentra en sus canciones.

Para empezar, y en contra de lo que había pasado en la mayor parte de sus discos, Aerosmith optan por hacer un trabajo largo, con hasta quince canciones. Un movimiento incomprensible si no te encuentras en tu mejor estado compositivo. De hecho, nadie del grupo lo ve así, y Brad Whitford declarará en *Rolling Stone* que «estamos mejor que nunca. Hemos hecho un disco a la altura de nuestra leyenda. Quizá de los tres mejores que hemos hecho nunca. Creo que alguna de estas canciones podría haber estado en *Toys In The Attic* o en *Rocks*. Son puro Aerosmith». Por poder, podrían haber estado sí, pero hubieran bajado el nivel de esos discos. Porque poca cosa se salva en *Music From Another Dimension*.

El arranque es «Luv XXX», con homenaje incluido a la serie de televisión *Outer Limits* en su introducción. Su escucha es agradable y nos abre la esperanza a que el nivel vaya in crescendo y obtengamos un disco, cuanto menos notable. Ni siquiera que los coros corran a cargo del pelmazo de Julian Lennon hacen que el tema no quede resultón. Una sensación que se confirma con «Oh Yeah» y sus coros femeninos, con un rollo muy setentero que nos hace pensar, de nuevo, en los Rolling Stones. Falsas esperanzas, porque todo se tuerce en «Beautiful». Y eso que buena parte de su público defiende esta canción en la que el grupo intenta reverdecer los laureles de «Walk This Way». Tyler rapea sobre un estribillo que a mí se me antoja muy flojo, y la sensación de unas personas mayores intentando parecer más jóvenes de lo que son me acongoja. Simplemente, no toca. Esa canción en los Aerosmith de los ochenta probablemente despertaría otras sensaciones, pero en 2012 recuerda a un síndrome de Peter Pan no superado. Además, a ella le sigue la baladita de turno, en este caso «Tell Me», mucho menos inspirada de lo habitual. Hasta aquí hay dos tipos de oyentes. El que nunca ha sido seguidor de Aerosmith y el que ha sido fan toda su vida. El primero probablemente esté encantado con lo que oye, el segundo empieza a estar tentado con apretar el stop de su equipo de música y ponerse *Pump*. Aunque «Out Go The Lights» parece arreglarlo de nuevo. Ahí sí que nos encontramos ese funky que siempre ha dominado tan bien Aerosmith, un Joe Perry luciendo y ese Steven Tyler vacilón y macarra que tanto nos gusta, jugueteando de nuevo con unos coros femeninos. Quizá no sea exagerado decir que es lo mejor del disco. Porque «Legendary Child», tema que habían avanzado como primer single nos devuelve a la realidad. Ese es el grupo del siglo XXI. Aburrido, con poco que aportar, sin rastro del grupo agresivo y molón del pasado. Perry, incluso, hace un solo hastiado y poco inspirado, y no deja de sorprender que esta fuera la elección para presentar en sociedad el trabajo. «What Could Have Been Love» es otra balada que se nos antoja más inspirada que «Tell Me», pero que también aporta poco, y «Street Jesus» se hace más larga que un día sin pan con sus casi siete minutos de duración. Otro intento de volver al pasado con poco éxito. En «Can't Stop Loving You» sufrimos el síndrome *American Idol* y el grupo hace un dueto con Carrie Underwood, surgida del dichoso programa. No hay más declaraciones, señoría.

La insulsa «Lover Alot» al menos se lleva los honores de ser la canción de su discografía con más compositores acreditados ¡hasta ocho nombres! Y lo peor es que aún nos quedan cinco canciones. Que el disco es demasiado largo es algo que hasta Joe Perry reconocería años más tarde en *AZ Central*.

«Creo que si hubiéramos extraído las diez mejores canciones del disco hubiera sido mejor. Pero creo que nos centramos en entrar al estudio y hacer un álbum como solíamos hacerlo. Entonces todos propusimos canciones, como hacíamos con los viejos discos. Si hubiéramos hecho de otra manera el álbum y hubiéramos salido a tocar esas canciones en directo un año, hubiéramos tenido más impacto».

«We All Fall Down» compuesta por Diane Warren nos encara hacia la recta final del álbum. Otra balada al zurrón. La siguiente, «Freedom Fighter» se resume en la curiosidad de que el actor Johnny Depp aporta su voz, mientras que «Closer» nos mantiene en el aburrimiento. Aerosmith con el piloto automático haciendo un medio tiempo que parece que hemos oído cientos de veces. En «Something» canta Joe Perry, quedémonos con eso y olvidemos el resto. Y el cierre nos lleva a «Another Last Goodbye» ¡Otra balada! El grupo más grande del hard rock cerraba su último disco con la friolera de cuatro temas lentos. Y, lo que es peor, poco inspirados.

Por supuesto, el disco no es bien recibido por la crítica. Y el público tampoco responde en exceso en forma de ventas. *Rolling Stone*, mucho más dócil que en el pasado con la banda, le otorgaría tres estrellas sobre cinco y en palabras de Rob Sheffield diría que «lo mejor de *Music From Another Dimension!* es la oportunidad de escuchar a Joe Perry y Brad Whitford tocar la guitarra, siempre lo mejor de cualquier álbum de Aerosmith». Mucho más dura es Kitty Empire en *The Guardian*: «En realidad, demasiada música gira hacia la balada masticable y está lejos de los divertidos temas rockeros de blues donde el juez de *American Idol* Steven Tyler maniobraba su micrófono con una bufanda». Una impresión con la que los miembros del grupo parecen no estar de acuerdo, manifestando públicamente la opinión que Joe Perry resumiría en estas palabras: «Creo que había un par de canciones allí que, si las escuchabas en vivo, las destacarías. Es solo que no tuvimos la oportunidad de analizar el disco con el tipo de énfasis que hicimos hace 30 años. Y toda la industria ha cambiado. La música ha cambiado. Es una jungla completamente diferente. Y creo que, si algunas de esas canciones hubieran salido en un momento diferente, podrían haber recibido un poco más de atención. Pero lo principal es que están allí y si a la gente le gustan y alguna vez ponen el disco, están allí para siempre».

DISCOS EN DIRECTO

Live Bootleg

(1978)

Back In The Saddle – Sweet Emotion – Lord Of The Thighs – Toys In The Attic – Last Child – Come Together – Walk This Way – Sick As A Dog – Dream On – Chip Away The Stone – Sight For Sore Eyes – Mama Kin – SOS – I Ain't Got You – Mother Popcorn – Train Kept A Rollin' / Strangers In The Night

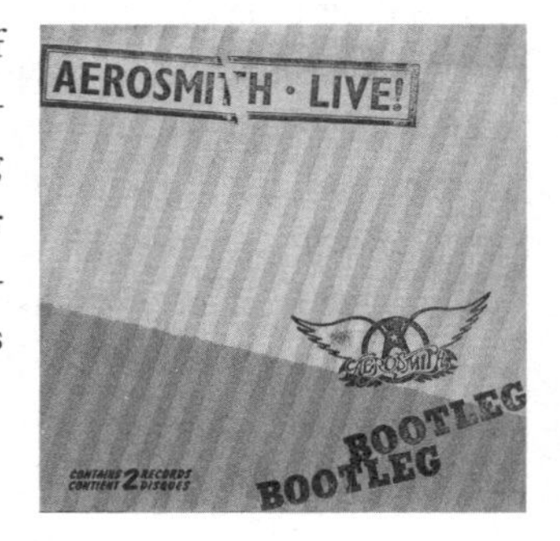

ooo

Classics Live

(1986)

Train Kept A Rollin' – Kings And Queens – Sweet Emotion – Dream On – Mama Kin – Three Mile Smile / Reefer Head Woman – Lord Of The Thighs – Major Barbra

ooo

Classics Live II

(1987)

Back In The Saddle – Walk This Way – Movin' Out – Draw The Line – Same Old Song And Dance – Last Child – Let The Music Do The Talking – Toys In The Attic

ooo

A Little South Of Sanity

(1998)

Eat The Rich – Love In An Elevator – Falling In Love [Is Hard On The Knees] – Same Old Song And Dance – Hole In My Soul – Monkey On My Back – Livin' On The Edge – Cryin' – Rag Doll – Angel – Janie's Got A Gun – Amazing – Back In The Saddle – Last Child – The Other Side – Walk On Down – Dream On – Crazy – Mama Kin – Walk This Way – Dude [Looks Like A Lady] – What It Takes – Sweet Emotion

Rockin' The Joint

(2005)

Good Evening Las Vegas – Beyond Beautiful – Same Old Song And Dance – No More No More – Seasons Of Wither – Light Inside – Draw The Line – I Don't Want To Miss A Thing – Big Ten Inch Record – Rattlesnake Shake – Walk This Way – Train Kept A Rollin'

Rocks Donington

(2015)

Train Kept A-Rolllin' – Eat The Rich – Love In An Elevator – Cryin' – Jaded – Livin' On The Edge – Last Child – Freedom Fighter – Same Old Song And Dance – Janie's Got A Gun – Train Kept A-Rolllin' – Eat The Rich – Love In An Elevator – Cryin' – Jaded – Livin' On The Edge – Last Child – Free-

dom Fighter – Same Old Song And Dance – Janie's Got A Gun – Toys In The Attic – I Don't Want To Miss A Thing – No More No More – Come Together – Dude [Looks Like A Lady] – Walk This Way – Home Tonight – Dream On – Sweet Emotion – Mama Kin – Kings And Queens – Rats In The Cellar – Stop Messin' Around

RECOPILATORIOS

ooo

Greatest Hits

(1980)

Dream On – Same Old Song And Dance – Sweet Emotion – Walk This Way – Last Child – Back In The Saddle – Draw The Line – Kings And Queens – Come Together – Remember [Walking In The Sand]

ooo

Gems

(1988)

Rats In The Cellar – Lick And A Promise – Chip Away The Stone – No Surprize – Mama Kin – Adam's Apple – Nobody's Fault – Round And Round – Critical Mass – Lord Of The Thighs – Jailbait – Train Kept A Rollin'

ooo

Pandora's Box

(1991)

When I Needed You – Make It – Movin' Out [Alternate Version] – One Way Street – On The Road Again [Previously Unreleased From The ®Aerosmith¯ Sessions] – Mama Kin – Same Old Song And Dance – Train Kept A Rollin' – Seasons Of Wither – Write Me A Letter [Unreleased Live Version] – Dream On – Pandora's Box – Rattlesnake Shake [Unreleased Live Radio Broadcast] – Walkin' The Dog [Unreleased Live Radio Broadcast] – Lord Of The Thighs [Unreleased Live Version] – Toys In The Attic – Round And Round – Krawhitham [Instrumental] – You See Me Crying – Sweet Emotion – No More No More – Walk This Way – I Wanna Know Why [Live] – Big Ten Inch Record [Live] – Rats In The Cellar – Last Child [Remix] – All Your Love – Soul Saver [Rehearsal] – Nobody's Fault – Lick And A Promise – Adam's Apple [Live] – Draw The Line [Remix] – Critical Mass – Kings And Queens [Live] – Milkcow Blues – I Live In Connecticut [Rehearsal] – Three Mile Smile – Let It Slide – Cheese Cake – Bone To Bone [Coney Island White Fish Boy] – No Surprize – Come Together – Downtown Charlie – Sharpshooter – Shit House Shuffle [Rehearsal] – South Station Blues – Riff & Roll – Jailbait – Major Barbara [Alternate Version] – Chip Away The Stone [Alternate Version] – Helter Skelter – Back In The Saddle – Circle Jerk

ooo

Pandora's Toys

(1994)

Sweet Emotion – Draw The Line – Walk This Way – Dream On – Train Kept A Rollin' – Mama Kin – Nobody's Fault – Seasons Of Wither – Big Ten / Inch Record – All Your Love – Helter Skelter – Chip Away The Stone

ooo

Big Ones

(1994)

Walk On Water – Love In An Elevator – Rag Doll – What It Takes – Dude [Looks Like A Lady] – Janie's Got A Gun – Cryin' – Amazing – Blind Man – Deuces Are Wild – The Other Side – Crazy – Eat The Rich – Angel – Livin' On The Edge – Dude [Looks Like A Lady] [Live]

ooo

Box of Fire

(1994)

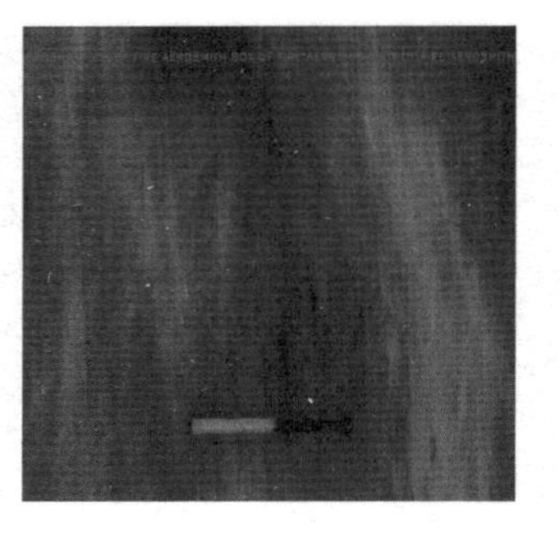

Make It – Somebody – Dream On – One Way Street – Mama Kin – Write Me A Letter – Movin' Out – Walkin' The Dog – Get Your Wings – Same Old Song And Dance – Lord Of The Thighs – Spaced – Woman Of The World – SOS [Too Bad] – Train Kept A-Rollin' – Seasons Of Wither – Pandora's Box – Toys In The Attic – Uncle Salty – Adam's Apple – Walk This Way – Big Ten / Inch Record – Sweet Emotion – No More No More – Round And Round – You See Me Crying– Back In The Saddle – Last Child – Rats In The Cellar – Combination – Sick As A Dog – Nobody's Fault – Get The Lead Out – Lick And A Promise – Home Tonight – Draw The Line – Draw The Line – I Wanna Know Why – Critical Mass – Get It Up – Bright Light Fright – Kings And Queens – The Hand That Feeds – Sight For Sore Eyes – Milk Cow Blues – Back In The Saddle – Sweet Emotion – Lord Of The Thighs – Toys In The Attic – Last Child – Come Together – Walk This Way – Sick As A Dog – Dream On – Chip Away The Stone – Sight For Sore Eyes – Mama Kin – SOS [Too Bad] – I Ain't Got You – Mother Popcorn / Draw The Line – Train Kept A-Rollin' – Strangers In The Night– Night In The Ruts – No Surprize – Chiquita – Remember [Walking In The Sand] – Cheese Cake – Three Mile Smile – Reefer Head Woman – Bone To Bone [Coney Island White Fish Boy] – Think About It – Mia – Dream On – Same Old Song And Dance – Sweet Emotion – Walk This

Way – Last Child – Back In The Saddle – Draw The Line – Kings And Queens – Come Together – Remember [Walking In The Sand] – Jailbait – Lightning Strikes – Bitch's Brew – Bolivian Ragamuffin – Cry Me A River – Prelude To Joanie – Joanie's Butterfly – Rock In A Hard Place [Cheshire Cat] – Jig Is Up – Push Comes To Shove – Train Kept A Rollin' – Kings And Queens – Sweet Emotion – Dream On – Mama Kin – Three Mile Smile – Reefer Head Woman – Lord Of The Thighs – Major Barbra – Back In The Saddle – Walk This Way – Movin' Out– Draw The Line – Same Old Song And Dance – Last Child – Let The Music Do The Talking – Toys In The Attic – Rats In The Cellar – Lick And A Promise – Chip Away The Stone – No Surprize – Mama Kin – Adam's Apple – Nobody's Fault – Round And Round – Critical Mass – Lord Of The Thighs – Jailbait – Train Kept A Rollin' – Sweet Emotion – Rocking Pneumonia And The Boogie Woogie Flu – Subway [Instrumental] – Circle Jerk [Instrumental] – Dream On [MTV Anniversary – Live]

• • •

The Universal Master Collection – Classic Aerosmith

(2000)

Amazing – Eat The Rich – What It Takes – Janie's Got A Gun – Magic Touch – Rag Doll – Permanent Vacation – The Movie – Monkey On My Back – My Girl – Shame On You – The Hop – She's On Fire – Darkness – I'm Down – Voodoo Medicine Man – Shela – My Fist Your Face

• • •

Young Lust

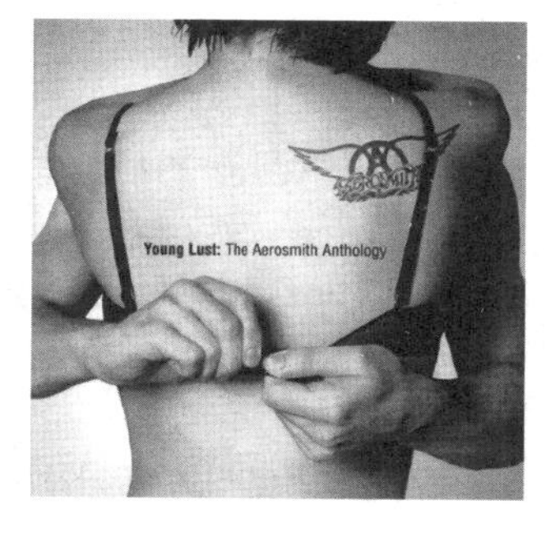

(2001)

Let The Music Do The Talking – My Fist Your Face – Shame On You – Heart's Done Time – Rag Doll – Dude [Looks Like A Lady] – Angel – Hangman Jury – Permanent Vacation – Young Lust – The Other Side – What It Takes – Monkey On My Back

– Love In An Elevator – Janie's Got A Gun – Ain't Enough – Walk This Way – Eat The Rich – Love Me Two Times – Head First – Livin' On The Edge [Acoustic Version] – Don't Stop – Can't Stop Messin' – Amazing [Orchestral Version] – Cryin' – Crazy – Shut Up And Dance – Deuces Are Wild – Walk On Water – Blind Man – Falling In Love [Is Hard On The Knees] [Live] – Dream On [Live] – Hole In My Soul [Live] – Sweet Emotion [Live]

• • •

O Yeah! Ultimate Aerosmith Hits

(2002)

Mama Kin– Dream On – Same Old Song And Dance – Seasons Of Wither – Walk This Way – Big Ten / Inch Record – Sweet Emotion – Last Child – Back In The Saddle – Draw The Line – Dude [Looks Like A Lady] – Angel – Rag Doll – Janie's Got A Gun – Love In An Elevator – What It Takes – The Other Side – Livin On The Edge – Cryin' – Amazing – Deuces Are Wild – Crazy – Falling In Love [Is Hard On The Knees] – Pink [The South Beach Mix] – I Don't Want To Miss A Thing – Jaded – Just Push Play [Radio Remix] – Walk This Way – Girls Of Summer – Lay It Down – Train Kept A Rollin' – Toys In The Attic – Come Together – Theme From Spider Man

• • •

Gold

(2005)

Let The Music Do The Talking – My Fist In Your Face – Shame On You – Heart's Done Time – Rag Doll – Dude [Looks Like A Lady] – Angel – Hangman Jury – Permanent Vacation – Young Lust – The Other Side – What It Takes – Monkey On My Back – Love In An

Elevator – Janie's Got A Gun – Ain't Enough – Walk This Way – Eat The Rich – Love Me Two Times – Head First – Livin' On The Edge [Acoustic Version] – Don't Stop – Can't Stop Messin' – Amazing [Orchestral Version] – Cryin' – Crazy – Shut Up And Dance – Deuces Are Wild – Walk On Water – Blind Man – Falling In Love [Is Hard On The Knees][Live] – Dream On [Live] – Hole In My Soul [Live] – Sweet Emotion [Live]

ooo

Devil's Got A New Disguise – The Very Best Of Aerosmith

(2006)

Dream On – Mama Kin – Sweet Emotion – Back In The Saddle – Last Child – Walk This Way [Single Edit] – Dude [Looks Like A Lady] – Rag Doll – Love In An Elevator – Janie`s Got A Gun – What It Takes [CHR Remix – Edit] – Crazy [LP Edit] – Livin` On The Edge [Closer To The Edge Edit] – Cryin` – I Don`t Want To Miss A Thing [Pop Mix] – Jaded – Sedona Sunrise – Devil`s Got A New Disguise

ooo

20th Century Masters – The Millennium Collection

(2007)

Dude [Looks Like A Lady] – Angel – Rag Doll – Love In An Elevator – Janie's Got A Gun – What It Takes – The Other Side – Livin' On The Edge – Cryin' – Crazy – Deuces Are Wild – Amazing

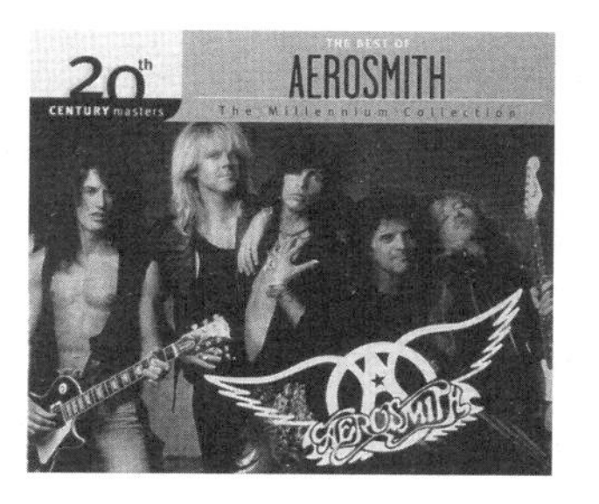

ooo

A Little South Of Sanity

(2010)

Eat The Rich – Love In An Elevator – Falling In Love [Is Hard On The Knees] – Same Old Song And Dance – Hole In My Soul – Monkey On My Back – Livin' On The Edge – Cryin' – Rag Doll – Angel – Janie's Got A Gun – Amazing – Back In The Saddle – Last Child – The Other Side – Walk On Down – Dream On – Crazy – Mama Kin – Walk This Way – Dude [Looks Like A Lady] – What It Takes – Sweet Emotion

ooo

The Essential Aerosmith

(2011)

Mama Kin – Dream On – Same Old Song And Dance – Seasons Of Wither – Walk This Way – Big Ten – Inch Record – Sweet Emotion – Last Child – Back In The Saddle – Draw The Line – Dude [Looks Like A Lady] – Angel – Rag Doll – Janie's Got A Gun – Love In An Elevator – What It Takes – The Other Side – Livin' On The Edge – Cryin' – Amazing – Deuces Are Wild – Crazy – Falling In Love [Is Hard On The Knees] – Pink [The South Beach Mix] – I Don't Want To Miss A Thing – Jaded – Just Push Play [Radio Remix] – Walk This Way – Girls Of Summer – Lay It Down

ooo

Tough Love – Best Of The Ballads

(2011)

I Don't Want To Miss A Thing – Angel – Amazing – Love In An Elevator – Pink – Cryin' – What It Takes – Rag Doll – Crazy – Deuces Are Wild – Livin' On The Edge – Blind Man – Magic Touch – Janie's Got A Gun – Sweet Emotion – Dream On

SINGLES

1973 «Mama Kin»
1973 «Dream On»
1974 «Same Old Song and Dance»
1974 «Train Kept A-Rollin'»
1974 «S.O.S. (Too Bad)»
1975 «Sweet Emotion»
1975 «Walk This Way»
1975 «You See Me Crying»
1975 «Toys in the Attic»
1976 «Dream On» (re-issue)
1976 «Last Child»
1976 «Home Tonight»
1976 «Rats in the Cellar»
1976 «Walk This Way» (re-issue)
1977 «Back in the Saddle»
1977 «Draw the Line»
1978 «Kings and Queens»
1978 «Get It Up»
1978 «Come Together»
1978 «Chip Away the Stone»
1979 «Remember (Walking in the Sand)»
1982 «Lightning Strikes»
1982 «Bitch's Brew»
1985 «Let the Music Do the Talking»

1986 «My Fist Your Face»
1986 «Shela»
1986 «Darkness»
1987 «Dude (Looks Like A Lady)»
1987 «Hangman Jury»
1988 «Angel»
1988 «Rag Doll»
1988 «Magic Touch»
1988 «Rocking Pneumonia and the Boogie Woogie Flu»
1989 «Chip Away the Stone» (re-issue)
1989 «Love in an Elevator»
1989 «F.I.N.E.*»
1989 «Janie's Got a Gun»
1990 «What It Takes»
1990 «The Other Side»
1990 «Monkey on My Back»
1990 «Dude (Looks Like A Lady)» (re-issue)
1990 «Love Me Two Times»
1991 «Sweet Emotion» (re-issue)
1991 «Helter Skelter»
1993 «Livin' on the Edge»
1993 «Eat the Rich»
1993 «Fever»
1993 «Cryin'»
1993 «Amazing»
1994 «Shut Up and Dance»
1994 «Deuces Are Wild»
1994 «Crazy»
1994 «Blind Man»
1995 «Walk on Water»
1997 «Nine Lives»
1997 «Falling in Love (Is Hard on the Knees)»
1997 «Hole in My Soul»
1997 «Pink»
1998 «Taste of India»
1998 «Full Circle»
1998 «I Don't Want to Miss a Thing» †‡
1998 «What Kind of Love Are You On»

1999 «Pink» (re-issue)
2000 «Angel's Eye»
2001 «Jaded»
2001 «Fly Away from Here»
2001 «Sunshine»
2001 «Just Push Play»
2002 «Girls of Summer»
2004 «Baby, Please Don't Go»
2006 «Devil's Got a New Disguise»

Filmografía

VHS y DVD

Live Texxas Jam'78

(1978)

Rats in the Cellar – Seasons of Wither – I Wanna Know Why – Walkin' The Dog – Walk This Way -Lick and a Promise – Get The Lead Out – Draw the Line – Sweet Emotion – Same Old Song and Dance – Milk Cow Blues – Toys in the Attic

El primer documento audiovisual protagonizado por Aerosmith es un concierto grabado en julio de 2018 en el Cotton Bowl de Dallas. El grupo formaba parte del cartel del Texas World Music Festival. El cartel lo completaban bandas como Van Halen, Journey, Blackstone o Ted Nugent. De hecho, estos últimos se unieron a Aerosmith en la interpretación de «Milk Cow Blues». Publicado el 25 de abril de 1989, a través de CBS-Fox, muestra a una banda en aparente buen estado de forma, aunque los que los habían visto en directo un par de años antes aseguraban que ya estaban muy lejos de sus grandes momentos.

Aerosmith Video Scrapbook

(1987)

Toys In The Attic (Live at Pontiac Silverdome 1976) -Same Old Song and Dance (Live at Pontiac Silverdome 1976) – Chip Away the Stone (video musical) – Draw The Line (Live at California Jam 2 1978) – Dream On (Live at Largo,MD Capital Center Nov. 9, 1978) – Sweet Emotion (Live at Pontiac Silverdome 1976) – Chiquita (vídeo música) – Lightning Strikes (vídeo musical) – Walk This Way (Live at Pontiac Silverdome 1976) – Adam's Apple (Live at Pontiac Silverdome 1976) – Train Kept A Rollin' (Live at Pontiac Silverdome 1976) – SOS (Live at Pontiac Silverdome 1976)

Curioso engendro que reúne tomas en directo con videoclips pero que, gracias al nivel de popularidad de la banda en ese momento, se encumbró hasta las 100.000 copias vendidas. La parte más interesante es la que incluye las imágenes de la banda en directo en 1976, en un momento cumbre para su carrera, aunque visualizándolo se nos hace demasiado corto e incomprensible que no se hiciera público más material de ese tipo si se tenía grabado.

Permanent Vacation 3x5

(1988)

Dude (Looks Like a Lady) – Angel – Rag Doll

Son años en que lo audiovisual está al orden del día, y un videoclip es más importante prácticamente que un disco completo. Por eso, se aprovecha el tirón de *Permanent Vacation* para editar un VHS con sus videoclips, y de paso el proceso de creación de estos. Es un buen documento, aunque uno no puede evitar tener la sensación de que todo se presenta demasiado edulcorado, y se hubiera agradecido algún momento en que las cosas se torcieran.

Things That Go Pump in the Night

(1989)

Love in an Elevator – Janie's Got a Gun – What It Takes – (The Recording of) What It Takes (Video)

Y ya que lo hemos hecho una vez ¿por qué no hacerlo dos? La jugada utilizada en el disco anterior se repite con *Pump*. Otra vez nos encontramos con los videoclips extraídos del álbum, y la banda entre bambalinas, ya sea en el *backstage* o en la preparación de los videoclips. Parecía que esto iba a ser algo común a partir de ese momento en la carrera de Aerosmith. Y es que como sacacuartos funcionaba mucho mejor que como obra artística.

The Making of Pump

(1990)

Quizá el documento audiovisual más interesante publicado en toda la carrera de Aerosmith sea esta cinta en la que observamos cual *voyeurs* el proceso de gestación de *Pump*, uno de sus grandes discos. Permitirnos ver cómo se coció un álbum de ese nivel, con escenas inéditas y alguna entrevista más preparada, y más tratándose del que para muchos es el mejor disco de Tyler y compañía es prácticamente impagable. Lo curioso, eso sí, es que por problemas contractuales no oiremos ninguna de las canciones originalmente aparecidas en el disco, porque Columbia no tenía el control de los derechos. Eso lo hubiera hecho quizá mejor, pero no le resta interés.

Big Ones You Can Look At

(1994)

Opening/meet the band – Official video: «Deuces Are Wild» – The making of the «Livin' on the Edge» video – Official video: «Livin' on the Edge» – Behind the scenes during the recording of «Eat the Rich» – Official video: «Eat the Rich» – The making of the «Cryin» video – Official video: «Cryin»– The making of the «Amazing» video – Official video: «Amazing» – The making of the «Crazy» video – Official video: «Crazy» (Director's cut) – Behind the scenes during the recording of «Love in an Elevator» – Official video: «Love in an Elevator» – Behind the scenes during the recording of «Janie's Got a Gun» – Official video: «Water Song/Janie's Got a Gun» – Official studio video: «What It Takes (The Recording Of)» – Outtakes – On tour – Official video: «Dulcimer Stomp/The Other Side» -Outtakes – Photo session – Official video: «Dude (Looks Like a Lady)» – Behind the scenes at the recording of The Simpsons («Flaming Moe's» episode) – Official video: «Angel» – Outtakes – Men of the world – Official video: «Rag Doll» (Video) – Outtakes/End credits

Primer producto audiovisual de la banda que, además de en VHS se publica en formato Láser disc destinado –en teoría aunque luego no fue así– a ser el más utilizado en el futuro. Cien jugosos minutos en los que se rescata alguna escena que ya conocíamos de *Making Of Pump* y que son un buen complemento al recopilatorio *Big Ones*. Destacan los cameos de las esperadas Alicia Silverstone y Liv Tyler, pero también los de Josh Holloway, Jason London, Brandi Brandt, Kristin Dattilo o Lesley Ann Warren. Como se puede observar en su *tracklist* vuelve a ser una compilación extraña que une vídeos oficiales, con *making offs*, *outtakes*, etc. Eso no evitó que también se vendiera como churros.

You Gotta Move

(2004)

Toys in the Attic – Love in an Elevator – Road Runner – Baby, Please Don't Go – Cryin' – The Other Side – Back in the Saddle – Draw The Line – Dream On – Stop Messin' Around – Jaded – I Don't Want to Miss a Thing – Sweet Emotion – Never Loved a Girl – Walk This Way – Train Kept A-Rollin'. BONUS TRACKS: Fever – Rats in the Cellar – Livin' on the Edge – Last Child – Same Old Song and Dance

Que los documentos audiovisuales de Aerosmith no acabaron de cuajar, especialmente a nivel de crítica, es algo que demuestra el hecho de que pasaran diez años entre sus dos últimos lanzamientos, y que luego no haya habido más. Directamente es algo que no les ha interesado desarrollar. El último de estos vídeos o DVDs es este concierto grabado en la gira de *Honkin'On Bobo* y que incluye canciones filmadas en el Sunrise, Florida, el 3 de abril de 2004, con la excepción de «Back In The Saddle» y «Rats In The Cellar» seleccionadas de su concierto en Orlando el 5 de abril del mismo año. Las imágenes en vivo combinan con las habituales entrevistas, y el lanzamiento incluyó, incluso, un CD de audio adicional. Es curioso que su equipo de *management* no les solicitara más documentos de este tipo, porque se vendió realmente bien llegando al cuádruple platino en Estados Unidos al año siguiente.

VIDEOCLIPS

1975 «Sweet Emotion (Live)»
1978 «Come Together»
1978 «Chip Away the Stone»
1979 «No Surprize»
1979 «Chiquita»
1982 «Lightning Strikes»
1985 «Let The Music Do the Talking»
1986 «Walk this Way «Steven Tyler y Joe Perry con Run DMC.»
1987 «Dude (Looks Like a Lady)»
1988 «Angel»
1988 «Rag Doll»
1989 «Love In A Elevator»
1989 «Janie's Got a Gun»
1989 «What it Takes»
1990 «The Other Side»
1991 «Dream On (con orquesta; grabado en el aniversario especial 10 de MTV)»
1991 «Sweet Emotion»
1993 «Livin' On the Edge»
1993 «Eat the Rich»
1993 «Cryin'»

1993 «Amazing»
1994 «Crazy»
1994 «Blind Man»
1994 «Deuces Are Wild»
1995 «Walk on Water»
1997 «Falling in Love (Is so Hard on the Kness»
1997 «Hole in My Soul»
1997 «Pink»
1998 «I Don't Want to Miss a Thing»
1998 «Full Circle»
2001 «Jaded»
2001 «Fly away from Here»
2001 «Sunshine»
2002 «Girl of Summer»
2003 «Lizard Love»
2004 «Baby, Please Don't Go»
2012 «Legendary Child»
2012 «What Could Have Been Love»

BANDAS SONORAS DE PELÍCULAS CON CANCIONES DE AEROSMITH

Sgt. Pepper's Lonely Hearts Club Band

(1978)

Ya hemos citado lo esperpéntico de esta película dirigida en 1978 por Michael Schultz con ínfulas de ópera rock. Protagonizada básicamente por Peter Frampton y los Bee Gees, en ella también aparecen Jack Bruce, Elvin Bishop, John Mayall, José Feliciano o Hank Williams Jr. No es exagerado decir que probablemente lo mejor de la misma sea, justamente, la acertadísima versión que Aerosmith se marcan del «Come Together» de los Beatles, el tema que abría en 1969 *Abbey Road*, el undécimo álbum en estudio de los *fab four*. Casi diez años tardarían Aerosmith en volver a aparecer en la banda sonora oficial de una película.

Less Than Zero

(1987)

Dirigida por Marek Kanevskaya y basada en la novela de Bret Easton Ellis, la película Less Than Zero está protagonizada por Andrew McCarthy, Jami Gertz, Robert Downey Jr. Y Brad Pitt. Aerosmith aportan a la banda sonora la canción con la que arranca, precisamente. Un tema original de Huey Piano Smith que popularizó en 1972 Johnny Rivers, aunque en 1969 ya había aparecido en el legendario *Supersnazz* de The Flamin'Groovies.

Air America

(1990)

Otra película basada en un libro, en esta ocasión del escritor Christopher Robbins. Protagonizada otra vez por Robert Downey Jr. y Mel Gibson, se trata de una superproducción con un lujoso presupuesto, que permitió solicitarle a Aerosmith los derechos sobre su versión del «Love Me Two Times» de The Doors. Así que, haciendo caja sin trabajar mucho, en este caso.

Last Action Hero

(1993)

Película para todos los públicos del híper hormonado Arnold Schwarzenegger cuya banda sonora está cargada de éxitos de bandas de rock más o menos duro. Desde Megadeth a Queensrÿche, AC/DC, Alice in Chains, Antharx, Tesla y, claro está, Aerosmith. Estos aceptan que su ya célebre «Dream On» forme parte de un disco bastante mejor que la película.

The Beavies and Butt-Head Experience

(1993)

Aquí no hablamos de una película, sino de la banda sonora de la famosa serie de dibujos animados no apta para menores, *Beavies and Butt-Head*. Emitida por MTV entre 1992 y 1997, la serie creada por Mike Judge se convirtió en un auténtico canto a la irreverencia. En 1996 fue convertida en película, pero en este caso no se incluyó ninguna canción de Aerosmith. En cambio en el disco con las canciones de la serie, incluye la inédita «Deuces Are

Wild», que luego aparecería incluida en *Big Ones*, conviviendo con temas de Nirvana, Primus o Red Hot Chili Peppers.

Wayne's World 2

(1993)

El mismo año, Aerosmith repite banda sonora, en este caso de la horrible secuela de Wayne's World con dos temas en directo, «Dude (Looks Like a Lady)» y «Shut Up And Dance» que aparecen interpretando en la misma película. Lo más curioso de todo es que Steven Tyler había aparecido en *Saturday Night Live* para protagonizar un *sketch* que acabaría dando forma a la citada película.

Armageddon

(1998)

La banda sonora por excelencia protagonizada por nuestros chicos. Ya hemos hablado de ella en el apartado biográfico. Bruce Willis y Ben Affleck son sus protagonistas masculinos, y Liv Tyler su *partenaire* femenina. Hasta cuatro temas de Aerosmith se incluyen en el disco que lanzaría Columbia Records con participación también de Journey, Jon Bon Jovi o ZZ Top. Estas son «What Kind Of Love Are You On», «Sweet Emotion», «Come Together» y, por supuesto, «I Don't Want To Miss A Thing». Éxito en todo el mundo, destaca sobre todo su gran calado en Japón donde llegó a ser certificado como doble platino, con más de 400.00 copias vendidas. Su tema central, entró directo al número 1 de la lista de *Billboard* la semana de su publicación. Un auténtico pelotazo.

Charlie's Angel

(2000)

Revisión en forma de película de la célebre serie de los setenta *Los Ángeles de Charlie* protagonizada por tres auténticas estrellas mediáticas como Drew Barrymore, Cameron Diaz, y Lucy Liu. Para la misma, Tyler, Perry, Marti Frederiksen y Taylor Rhodes compusieron la canción «Angel's Eye». No tuvo el éxito de «I Don't Want To Miss A Thing» aunque llegó hasta el número 4 de las listas de Rock Adulto de Estados Unidos.

Spider-Man

(2002)

Danny Elfman, habitual colaborador de Tim Burton, se encargó de la banda sonora de la película sobre el héroe arácnido protagonizada por Tobey Maguire. Para ella llegó a contar con hasta 19 canciones, entre las que se incluye la revisión que Aerosmith hacen de «Theme From Spiderman», original de la serie sobre el personaje que se emitía en Estados Unidos en la década de los sesenta, algo que ya habían hecho antes los Ramones.

Rugrats Go Wild: Vacaciones Salvajes

(2003)

Tercera entrega de esta serie de películas animadas que gira alrededor de un grupo de bebés. En esta ocasión, Aerosmith se alzan como los grandes protagonistas de una banda sonora compartida con Lisa Marie Presley, Chrissie Hynde o Train gracias a la aportación de la canción «Lizard Love».

Starsky & Hutch

(2004)

Igual que en el caso de *Los Ángeles de Charlie*, otra revisión en forma de película de una serie de los setenta, en este caso con un tono humorístico que no tenía aquella. Los protagonistas son Ben Stiller y Owen Wilson, y Aerosmith cedieron su «Sweet Emotion» para meterse en los bolsillos un buen puñado de dólares.

Barnyard

(2006)

Como hemos visto, no es la primera vez que Aerosmith aparecen en una banda sonora de un film de animación. Conocida en los países latinos como *La Granja*, Aerosmith incluyen un tema que ya había aparecido en *Honkin' On Bobo*, su versión del «You Gotta Move» de Reverend Gary Davis y Mississippi Fred McDowell.

Sex And The City

(2008)

A estas alturas más de uno y más de una debe estar preguntándose si «Walk This Way» no ha parecido en ninguna banda sonora. La respuesta es afirmativa, por supuesto. En este caso hemos de irnos hasta la exitosa serie conocida en los países de habla hispana como *Sexo en Nueva York*, y con Sarah Jessica Parker como gran protagonista. Lo cierto es que el rock no está muy presente en su banda sonora, donde predominan nombres como los de Duffy, India Arie o Nina Simone. Eso sí, en medio encontramos la versión de «Walk This Way» a cargo de Aerosmith y Run DMC.

Aunque no se editaran como banda sonora propiamente, Aerosmith también han incluido canciones en las siguientes películas:

Light Of Day

(1987)

«Sweet Emotion»

The Lost Boys

(1987)

«Walk This Way»

China Girl

(1987)

«Walk This Way»

Like Father Like S

(1987)

«Dude (Looks Like A Lady)»

Say Anything

(1989)

«Back In The Saddle»

Dazed And Confused

(1993)

«Sweet Emotion»

True Romance

(1993)

«The Other Side»

Mrs. Doubtfire

(1993)

«Dude (Looks Like A Lady)»

Ace Ventura

(1994)

«Line Up»

Airheads

(1994)

«Janie's Got A Gun»

Private Parts

(1997)

«Sweet Emotion»

Shangai Noon

(2000)

«Back In The Saddle»

Dogtown And Z-Boys

(2001)

«Toys In The Attic»

Miracle

(2004)

«Dream On»

Racing Stripes

(2005)

«Walk This Way»

Be Cool

(2005)

«Cryin'» y «Sweet Emotion»

Red

(2010)

«Back In The Saddle»

Videojuegos

Los grupos de música hacen canciones. Esas canciones se incluyen en discos. Esos discos se venden. Y el grupo recibe los ingresos. Este axioma básico del negocio musical, evidentemente con cientos de aristas y apreciaciones, debería llevarnos a pensar que una banda como Aerosmith, cuya cifra de ventas se sitúa sumando todos sus álbumes por encima de los 150 millones de discos físicos vendidos ha hecho su fortuna, principalmente, en esta actividad. Pero estas cantidades palidecen si lo comparamos con otro sector en el que los de Boston han sido el grupo que más y mejor se ha sabido mover, el de los videojuegos. En 2008, la compañía *Activision* hacía públicos sus datos de ventas, entre los que se encontraba la versión del famoso juego *Guitar Hero* protagonizado por Aerosmith, desvelando que habían ganado más con sus ventas de las que habían ganado con cualquiera de sus discos. Se calcula que los miembros del grupo disponen de una fortuna media situada en 100 millones de dólares por cabeza, y cualquiera podría estar tentado a pensar que esos ingresos provienen en su mayor parte de los discos y los conciertos. Pero no, las consolas y los ordenadores han sido la principal fuente de ingresos de Tyler y compañía desde que en los noventa decidieran poner un pie en ese ámbito. El citado *Guitar Hero: Aerosmith* vendió en la semana de su lanzamiento 600.000 copias, lo que equivale a unos ingresos de 25 millones de dólares de los cuales el grupo se llevaba casi el 60%. En 2015 se calcula que el juego de marras lleva vendidas la friolera de 4 millones de copias, situando los ingresos para la compañía en 166 millones de dólares. Por comparar, se estima que *Music From Another Dimension*, el último disco en estudio de la banda vendió en su primera semana 63.000 copias, aproximadamente un 10% de lo que hizo *Guitar Hero: Aerosmith*, y *Honkin' On Bobo* su anterior trabajo se quedó en 160.000, unos 2 millones de ingresos esos primeros siete días.

Por eso vale la pena pararse un poco en esos videojuegos, analizando cómo llegó Aerosmith a formar parte del mundo del entretenimiento y los ordenadores, en un movimiento sorprendente y a su vez tremendamente efectivo. Hasta la fecha Aerosmith han estado implicados de una manera u otra en un mínimo de 12 juegos. En tres han sido los protagonistas absolutos: *Revolution X* (1994), *Quest For Fame* (1995) y *Guitar Hero: Aerosmith* (2008). Y en el resto han aportado o bien sus voces para algunos personajes como en el caso de *9: The Last Resort* (1996) o bien canciones como en *Dead Or Alive: Ultimate* (2004), *Guitar Hero II* (2006), *Guitar Hero III: Legends of Rock* (2007), *Grand Theft Auto IV: The Lost and Damned* (2009), *Guitar Hero: Warriors of Rock* (2010), *Grand Theft Auto: Episodes from Liberty City* (2010), *Rocksmith: All-new 2014 Edition – Remastered* (2013) y *Just Dance* (2015). Como se puede observar y se podía esperar, la actividad se ha centrado básicamente en el siglo XXI, pero el grupo fue un auténtico visionario en muchos aspectos y fue capaz de asegurarse una posición de mercado dominante en la década de los noventa. Vamos a acercarnos un poco más a los tres juegos que más impacto han tenido en ese sentido para Aerosmith.

Revolution X

En 1994 se lanza el primer videojuego protagonizado por nuestros cinco protagonistas. Se trata de un juego de los llamados *shoot'em up* en los que el jugador lleva un objeto –generalmente un arma– o un personaje que se debe disparar a aquellos enemigos que aparecen en pantalla. En su aparición el juego aparece en las versiones para las consolas Mega Drive y Super Nintendo, ampliándose a DOS en 1995 y a PlayStatiom y Sega Saturn en 1996. En 1995 también se adaptaría a formato PC. La idea surge de Greg Fischbach, el fundador de Acclaim Entertainment, desarrolladora del juego. Se trata de una trama tan sencilla como rocambolesca para estar protagonizada por una banda de rock. Nos sitúa en 1996, en unos Estados Unidos que sufren la dictadura de la Nación del Nuevo Orden, cuyo máximo representante es la emperatriz Helga. Esta ha optado por limitar las libertades de la juventud, prohibiendo ver la televisión, jugar a videojuegos y escuchar música. Para demostrar su poder, las tropas del Nuevo Orden aprovechan una parada de la gira de Aerosmith en Los Ángeles para secuestrarlos, dejando así en manos de la habilidad de cada jugador su rescate. La cosa consistirá en ir disparando CDs de la banda contra cualquier enemigo que se nos ponga por en medio mientras suenan canciones como «Eat the Rich», «Sweet Emotion», «Toys in the Attic» o, por supuesto, «Walk This Way». En un primer momento, la compañía se plantea seguir la saga y hacer que Public Enemy protagonicen la siguiente entrega de la misma, pero las ventas del juego de Aerosmith no son las esperadas y el proyecto se cancela. De hecho, el juego fue muy valorado por su música, pero muy criticado por sus gráficos y su jugabilidad. Sin ir más lejos, la revista especializada *Seanbaby* lo colocó en su lista de 20 peores juegos de todos los tiempos.

Lo mejor de todo es que el propio Steven Tyler intentó dar más publicidad al juego desde los escenarios de sus conciertos. En varios momentos del juego, cuando hay una gran explosión, Tyler grita «Toasty», una referencia directa a *Mortal Kombat II*, otro juego de la misma compañía. Tyler lo hizo suyo y se le vio emitiendo el grito en algún concierto del *Get A Grip Tour*, cuando sus compañeros hacían algún solo o similar. Anécdotas curiosas aparte, el valor de *Generation X* es el de ser la primera piedra de un proyecto que, como hemos visto, acabaría llenando las arcas de la banda.

Quest For Fame

El auténtico precursor del famosísimo *Guitar Hero*. Fue desarrollado por Virtual Music Entertainment y distribuido por IBM. El juego es muy sencillo. La idea es convertir al jugador en un guitarrista de rock y hacerlo pasar por ensayos, audiciones y finalmente conciertos en los que debe mostrar su habilidad con el instrumento ¿Cómo? Con un dispositivo llamado V-Pick, que no era más que una especie de púa de guitarra y permitía usar una raqueta de tenis, un tubo de aspiradora o cualquier cosa con forma alargada como si se tratara de una auténtica guitarra. El juego detectaba la vibración y el movimiento y eso permitía que se fueran ganando o perdiendo puntos. Por supuesto, todo se hacía sobre melodías de canciones de Aerosmith. En versiones más avanzadas del juego incluso llegó a comercializarse una guitarra que permitía controlar aspectos como volumen y tono, y que luego serviría de inspiración para el ya citado *Guitar Hero*.

Guitar Hero: Aerosmith

Aunque donde realmente Aerosmith dieron en el clavo fue cuando aceptaron protagonizar una versión del célebre *Guitar Hero*. Los de Boston fueron los primeros en hacerlo, aunque luego se desarrollarían versiones de otras bandas como Metallica y Van Halen, ambos en 2009. Muchos ya conocerán su funcionamiento, pero no está de más recordarlo. El jugador dispone de una guitarra con cinco botones de colores que ha de ir pulsando siguiendo las instrucciones que aparecen en pantalla para conseguir emitir sus melodías favoritas. Estas, por supuesto, son canciones de Aerosmith pero, en contra de lo que se puede suponer, no son las únicas que aparecen en el juego. Este dispone siete niveles y, en cada uno de ellos, encontramos canciones de Tyler y compañía junto a otras bandas. En *Getting the Band Together* encontramos a Mott The Hoople y Cheap Trick, en *First Taste of Success* a Joan Jett y The Kinks, en *The Triumphant Return* a The Clash y New York Dolls, en *International Superstars* a Run DMC y The Cult, en *The Great American Band* a Lenny Kravitz & Slash y The Black Crowes, en *Rock N Roll Legends* a Ted Nugent y Stone Temple Pilots, mientras que en *The Vault* únicamente encontramos canciones del grupo y Joe Perry en solitario. En total, 25 canciones de Aerosmith y cuatro de Joe Perry con mención especial para «Mama Kin», grabada de nuevo en exclusividad para el juego. Desarrollado por Neversoft para prácticamente todas las consolas existentes y distribuido por Activision, como hemos apuntado al principio las ventas de este juego fueron inmensas, superando de largo las previsiones del grupo y sus creadores y ayudando a consolidar *Guitar Hero* como uno de los juegos más importantes de su generación.

Anexos

Toys in the Attic. Historia Oral

JAVIER PLATAS (Periodista): Los riffs de Joe Perry y la ejecución vocal de Steven Tyler (con reminiscencias de Robert Plant y Mick Jagger) fueron claves en el éxito de Aerosmith con composiciones rock inspiradas por sonidos de Led Zeppelin, Stones, Yardbirds, Black Sabbath o New York Dolls. *Toys In The Attic* convirtió en megastars a esta formación de hard rock procedente de Boston.

JUANJO ORDÁS (Periodista y escritor): A mediados de los setenta, y a un ritmo de disco por año, Steven Tyler ya tenía muy claro qué historias cantar, y sus compañeros sabían que su misión era reivindicar las raíces del rock estadounidense y llevarlas un poco más lejos. Solo de ese modo sería posible el demencial relato de «Uncle salty» y el parto de «Round and round», una proyección del blues más allá del propio blues. No se trataba de inventar nada nuevo, sino de reinventar.

TIM SHERIDAN (Periodista): Después de varios años en el circuito como banda de apoyo, el grupo de Boston consiguió cerrar un contrato con Columbia después de tocar en el Max's Kansas City con los padrinos del punk, New York Dolls. En cualquier caso, sus dos primeros discos fracasaron en su intento de llamar la atención mientras la banda luchaba por quitarse de encima las poco favorecedoras comparaciones con los Rolling Stones. Con Jack Douglas en la producción, entraron en el estudio para el que tenía que ser un último esfuerzo de «ahora o nunca».

MANEL CELEIRO (Periodista): Es obvio que hay dos, digamos, versiones de Aerosmith. Una más cruda, la de unos inicios marcados por el ritmo y blues y el rock & roll, escuela Stones, por establecer una comparación sencilla y muy recurrida, y la del éxito masivo que trasciende del ámbito rockero y llega a las listas de venta comerciales de todo el mundo con la edición de *Permanent Vacation* en el verano de 1987. Esa primera versión de la que hablamos es la que se puede considerar como más «pura» de toda su larga carrera y tiene como principales protagonistas los discos que van desde el homónimo debut que pisó las calles en enero de 1973 hasta la edición de Rocks tres años más tarde. Un póquer de álbumes plenos de creatividad y de credibilidad donde el tándem compositivo Steven Tyler y Joe Perry funcionaba a toda máquina con la ayuda puntual del resto de miembros de la banda. *Toys in the Attic* figura por derecho propio entre ese selecto grupo de escogidos. Por la excelente producción de Jack Douglas, con un sonido orgánico y cálido a la par que robusto, y por unas canciones que han superado con creces al paso del tiempo figurando durante mucho tiempo en el repertorio de sus presentaciones en directo, no solo de la época en que fueron lanzadas, ya que algunas han continuado sonando en sus conciertos hasta su última gira.

ELOY PÉREZ (Periodista y escritor): *Toys in The Attic* fue el primer álbum de Aerosmith que compré, y quizás uno de los primeros veinte o veinticinco discos que tuve. Tiempos de comprar un vinilo y escucharlo semanas enteras hasta reunir la pasta para el siguiente. Un *impasse* delicioso durante el cual, en muchas ocasiones, le dabas mil vueltas a la carpeta mientras el disco giraba. Recuerdo, en mi caso, que la ilustración de portada me intrigaba en cierto modo. Ese dibujo tan de cuento infantil clásico tenía un contrapunto extraño en las expresiones inquietantes de los personajes, hasta que me enteré –en clase de inglés– del juego de palabras, pues en inglés también significa comportarse de manera excéntrica, estar un poco chalado. Tener la cabeza a pájaros, vamos. En cualquier caso, cuando muchos años después Internet nos ofreció la posibilidad de conseguir información sobre casi todo, una de las muchas cosas que busqué fue quien era esa Ingrid Haenke que aparecía en los créditos como responsable de la ilustración. Y entre información trivial di con una de esas pequeñas joyas que nos encantan a los frikis: Ingrid había aparecido, como modelo, en la portada de *Sabbath Bloody Sabbath* (es la chica que aparece a la izquierda). Al parecer trabajaba para Ernie Cefalu, responsable de Pacific Eye & Ear, el estudio de diseño encargado de la portada del disco de Iommy & Co. Dos años más tarde, con el encargo de *Toys in The Attic* encima de la mesa, Cefalu lo tuvo claro: «después de tres días de reuniones con Joe Perry y Stephen Tyler hablando de la portada, sólo había una persona en mi cabeza que pudiera darle a la banda lo que quería: la ilustradora de moda y cuentos infantiles Ingrid Haenke».

STEVEN TYLER (Cantante): Iniciamos el trabajo para *Toys in the Attic* a mitad de uno de esos escalofriantes inviernos de Nueva York que te hielan las pelotas. Se me ocurrió el título por sus significados obvios. Y, ya que de todos modos la gente pensaba que estábamos jodidamente locos ¿qué importaba?

JOE PERRY (Guitarrista): Intentamos divertirnos en el estudio, evitar aburrirnos. Al menos así nos sentimos entonces. Realmente no queríamos ser encasillados como un grupo que solo era capaz de tocar cierto tipo de rock and roll.

TIM HUXLEY (Escritor): Parecía que aquellos tiempos necesitaban un grupo que uniese las raíces de los sesenta y el hedonismo de los setenta; en 1975, Aerosmith estaba a punto de demostrar que poseía las cualidades para ocupar ese puesto. A comienzos de 1975, Aerosmith volvió a Record Plant, esta vez fue solamente Jack Douglas quien se encargó de la producción. *Toys In The Attic*, el álbum que surgió de esas sesiones, fue el que asentó la reputación mundial de Aerosmith, un ataque musical bien formado y creado que vendió más de cinco millones de copias.

JACK DOUGLAS (Productor): Me sorprendió mucho su estado de forma. Estaban impecables, con muchas ganas de hacer algo diferente a todo lo que habían hecho antes. Tenían esa llama en los ojos.

JOE PERRY: Teníamos una idea de qué canciones funcionaban para nosotros en concierto por lo que teníamos una idea de qué dirección queríamos que tomaran las canciones. Sabíamos que queríamos tocar algunas canciones de ritmo rápido, algunas canciones menos densas y algo de blues-rock. Pero, aunque sabíamos qué tipo de canciones queríamos, realmente no sabíamos cómo iba a resultar todo. Tuvimos un tipo diferente de presión sobre nosotros para hacer este disco y cómo hacerlo. Jack realmente nos ayudó mucho en ese apartado. Realmente se convirtió en el sexto miembro de la banda y nos enseñó cómo hacerlo.

ANDRÉS LÓPEZ (Periodista): *Toys in the Attic* se publicó en el mes de abril de 1975, convirtiéndose en disco de oro a finales del verano, y platino a finales de año. De la noche a la mañana, Aerosmith se convirtieron en la banda con más ventas de Columbia, por encima de Bob Dylan y Bruce Springsteen.

TOM HAMILTON (Bajista): Me sentí mejor que nunca tocando. Notaba que tanto la banda, cómo yo a nivel personal habíamos llegado a un nivel muy alto de compenetración y de calidad.

BRAD WHITFORD (Guitarrista): Es uno de nuestros mejores álbumes sin lugar a dudas. Estoy realmente orgulloso de ese disco y de lo que hicimos. Todo fue una experiencia genial, desde la preproducción hasta la grabación y la mezcla. Solo los jóvenes están haciendo discos así ahora. Pero eso se hizo en 16 pistas, con mezclas prácticas. Así es como me gusta hacer cosas todavía. Básicamente grabando la banda en vivo, tocando bien juntos. Esa es la única forma en que deberías hacerlo. No me gusta todo ese rollo del *Pro Tools*, es demasiado artificial. Creo que hace que la gente sea más perezosa.

GORDON FLETCHER (Periodista): Lo que es realmente importante para las bandas de este tipo es el impacto inicial: la producción debe explotar, envolviendo al oyente en un aluvión de sonido. La mezcla ideal es caliente y espaciosa, con cada instrumento bien definido e inmediatamente íntimo. Una mezcla, de hecho, nada diferente a la del LP anterior de la banda, *Get Your Wings*. En *Toys*, Aerosmith consigue una mezcla más compacta y desordenada que brinda una sensación más de «grupo» pero les roba ese ambiente explosivo. Por lo tanto, es mucho más difícil involucrarse con su música en la primera escucha.

MIKEL ADANO (Periodista): ¿Cuál es tu número de la suerte? Para Aerosmith, tal vez sea 3. Tercer álbum en los mismos años, *Toys in the Attic* es considerado por algunos como el álbum: «si solo puedes llevarte uno», ya sabes, el disco de la isla desierta. Teniendo en cuenta que *Rocks* estaba por llegar, retengamos el juicio hasta que lleguemos allí.

TOM HAMILTON: Queríamos hacer algo que creyéramos que podía aguantar. *Toys in the Attic* fue el primer disco en el que sentimos que habíamos hecho algo increíble. Es el álbum donde la banda se sintió por primera vez como estrellas y aprendió cómo hacer un disco, cómo usar el estudio. La relación entre la banda y Jack como productor. Todo eso. En aquellos días no podías ir a la universidad y aprender a ser una banda, o cómo escribir canciones de rock y esas cosas. Así que todo lo que hicimos fue reunir todo el conocimiento que nos habían aportado esas bandas que escuchábamos en nuestra adolescencia: Zeppelin, Stones, Beatles, Byrds, Jefferson Airplane…

MIKEL ADANO: Como para demostrar que Aerosmith podría seguir el ritmo de algunos de sus competidores más duros, *Toys in the Attic* es un festival de guitarra que se dispara a través del altavoz hasta el cráneo. Qué manera de abrir un álbum: es toda una declaración. La banda fue afilada con un acero puntiagudo por el productor Jack Douglas. Joe Perry en particular se había convertido en un intérprete de blues-rock ferozmente bueno, y *Toys in the Attic* es la evidencia.

TIM SHERIDAN: Desde el principio, estaba claro que la banda sabía lo que estaba en juego. Con unos sonidos de platillos siseantes, riffs crujientes y una manera de cantar rugiente, el tema titular se abalanza sobre el oyente con una mezcla de imaginación y locura total.

JOE PERRY: Pusimos algunos amplificadores donde estaban los contenedores de basura en la calle, y hay algunas partes donde puedes escuchar el tráfico, en la canción «Toys in the Attic». Lo dejamos allí.

DONNIE KEMP (Periodista): Comenzar el álbum con la canción titular cargada de energía fue un movimiento inteligente. Es una canción que resume perfectamente lo bueno de la banda. Letras memorables y coreables, riffs de guitarra de corte duro, y actitud que fluye de cada acorde.

STEVEN TYLER: Joe jugaba con un riff y yo me puse a gritar «juguetes, juguetes, juguetes». Orgánico, inmediato, infeccioso...jodidamente asombroso. Una vez más, los gemelos tóxicos cabalgan hacia el atardecer...esta vez hacia el crepúsculo del desván.

JOE PERRY: Creo que ese rollo funk solo agregó un poco más de agallas a la música. La gente lo menciona habitualmente sobre algunas de las canciones que hacemos, y realmente no se verlo, aunque puedo entender ese punto de vista. El R&B definitivamente tuvo una gran influencia en nosotros, y se podía ver en nuestro set de club, que tenía un montón de canciones de James Brown. La gente quería levantarse y bailar, y esas parecían ser las canciones que les motivaban especialmente si nunca antes las habían escuchado.

LISA JENKINS (Periodista): Aerosmith escribe canciones que están cerca del hueso, que te obligan a escucharlas nuevamente solo para asegurarte que sí, que eso es lo que Steven Tyler está cantando. Cualquiera que haya escuchado «Uncle Salty» de su álbum *Toys In The Attic* sabrá exactamente a qué me refiero.

JORDI SÁNCHEZ (Periodista): «Sweet Emotion» es un tema que puedo escuchar en bucle en dos vidas o más, sin cansarme. Ese riff inicial de bajo de Hamilton tanto en disco como, sobre todo en directo, no es más que un poderoso cabalgar o despertar sexual. Fíjense: ritmo lento inicial, vamos que nos vamos y hacia el final, con el cambio de tempo, justo antes del solo de Joe Perry con su *«talkbox»* cual Peter Frampton, redoble de baterías y una jam final que quita el hipo. Sin duda, es el mejor tema del indispensable *Toys in the Attic*. No es una composición dulce, no se engañen. Es una canción amarga que refleja, una instantánea del combo en un momento de disputas y drogadicción. «Sweet Emotion» es el puro reflejo de la frustración de Steven Tyler con la banda. En su irregular autobiografía titulada *Walk this Way* Steven Tyler nos cuenta que la letra inicial cuenta una anécdota real. Era una época de excesos y peleas entre los miembros del combo con motivo de la adicción a las drogas y la vida en la carretera. Tyler se quedó sin «producto» y se fue a la habitación de Joey Perry que en aquellos momentos estaba pasándoselo bien son su novia Elissa. Tyler le pidió que compartieran las drogas y Joey le mandó a freír espárragos. De ahí la letra inicial del tema que no es más que una crítica descarada de esa tal Elisa: «Talk about things that nobody cares, wearing out things that nobody wears» («Habla sobre cosas que a nadie importa y lleva puesta cosas que nadie llevaría»). Pero también es un reto descarado al mismísimo Joe Perry al que por aquél entonces los miembros de Aerosmith le llamaban «Mr. Sweet Emotion».

TOM HAMILTON: Surgió al final de las sesiones de *Toys In The Attic*. Tenía mi parte, pero me daba vergüenza decir «vamos a trabajar con esto». Pero no sé por qué al final teníamos un día extra en el estudio y Jack dijo: «¿alguien tiene algo con lo que podamos continuar? Así que la hicimos en el último minuto.

GUS CABEZAS (Escritor): Un contenido temático mucho más cercano a la tradición oscura del rock urbano neoyorquino (desde la Velvet hasta Patti Smith, pasando por los propios New York Dolls y sus secuelas), verdadero crisol de la actitud iconoclasta y de ribetes dadaístas que después sería catalogada como «punk» pero que en realidad nutre el acervo del auténtico rock and roll desde sus orígenes.

STEVEN TYLER: Muchas de las cosas que escribía surgían de la rabia o enfado. «Sweet Emotion» surgió a raíz de un enfrentamiento que tuve con la exmujer de Joe, y muchas otras frustraciones de aquel momento. Nunca pude comunicarme con él.

DONNIE KEMP: Luego está «Walk This Way», que habla por sí misma. No hay necesidad de descripción. Si no has escuchado la canción, entonces no has oído hablar de Aerosmith. El lánguido riff de «Uncle Salty» demuestra el otro lado de Aerosmith. La banda de la barra de bar, relajada, igual en compañía de rockeros famosos que de *bluesmens* conmovedores.

STEVEN TYLER: El título de la canción «Walk this Way» viene de la película de Mel Brooks, *El Jovencito Frankenstein*...de refilón (...). Al llegar aquel día en taxi a las cuatro de la tarde me di cuenta que me había dejado la bolsa con las letras en el coche. Desaparecida. Dos horas más tarde, subí al estudio. Me senté en la escalera con mi rotulador y escribí en la pared la letra de «Walk this Way». Al reescribir cada verso, las palabras retornaban a mí. Nunca volví a ver la bolsa.

JOE PERRY: Steven estaba muy molesto porque necesitaba letras. Cogió una cinta de casete de la pista instrumental que habíamos grabado, lo metió en la grabadora portátil y se puso los auriculares tratando de recuperar las sensaciones. Luego desapareció en el hueco de la escalera.

STEVEN TYLER: La canción la empezamos en una prueba de sonido en HRC, en Honolulu. Fue una cosa realmente rítmica. Nuestro baterista, Joey Kramer tocaba en una banda de funk y siempre sacaba a colación a James Brown. Ponía el funk encima de nuestra mesa. Y Joe lo cogió y trajo «Walk this Way». Al principio no seguían mi letra, simplemente se ocupaban de seguir el ritmo.

JOE PERRY: Me inspiró tener algunas canciones que escribimos basadas por esa cosa del funk y el R&B. Estábamos tocando las canciones de otras personas, y pensábamos «joder, estas notas no son diferentes a esas. Las acoplaré tocándolas a mi manera». Y eso se convirtió en «Walk This Way». En diciembre del '74, volamos a Honolulu para abrir para el Guess Who. Durante la prueba de sonido estaba tonteando con riffs. Le dije a Joey que intentara hacer un patrón muy marcado de batería. El riff de guitarra de lo que se convertiría en «Walk This Way» acababa de llegar de mis manos.

JOEY KRAMER (Batería): Cualquiera puede tocar muchas notas, pero son las que significan algo las que llegan realmente lejos. Entonces, ¿quién necesita todas las demás? Era bastante obvio para mí, cuando Joey tocaba el riff de «Walk this Way» lo que tenía que tocar.

SHAWN PERRY (Periodista): Si *Toys In The Attic* es el álbum que puso a Aerosmith en la cima, «Walk This Way» es seguramente la canción que no solo sostuvo, sino que también recuperó su popularidad. Es una de las pocas canciones de la historia que ha entrado en los charts dos veces en dos décadas diferentes.

THOMAS ERLEWINE (Periodista): Joe Perry no solo presenta riffs indelebles como «Walk This Way», «Toys in the Attic» y «Sweet Emotion», sino que Steven Tyler ha abrazado por completo la sordidez como su musa artística. Siguiendo el ejemplo del viejo blues sucio «Big Ten Inch Record», Tyler escribe con una alegre picardía sobre el sexo en *Toys in the Attic*, ya sea la caricia adolescente de «Walk This Way», la promiscua «Sweet Emotion» o los dobles sentidos de «Uncle Salty» y «Adam's Apple».

MANEL CELEIRO: Ni un solo segundo de relleno en un álbum que se abre a toda mecha con el tema título, guitarras urgentes, trote chuleta, estribillo pegajoso, y se va sucediendo sin desfallecer hasta el final alcanzando momentos tan brillantes como «Walk This Way», una composición mayúscula, absolutamente adictiva y que con posterioridad inauguró todo un género cuando fue regrabada junto a Run DMC en 1986, el riff hipnótico e impepinable, uno de mis favoritos de la historia del rock, de la maravillosa «Sweet Emotion», el aroma *oldie* de la lectura del clásico «Big Ten Inch Record» o la balada, «You See Me Crying», que ratifica su tremenda mano izquierda para escribir temas lentos y anticipa mega hits posteriores como «I Don't Want To Miss A Thing», «Crazy» o «Cryin'». *Toys in the Attic* es Aerosmith en estado de plenitud absoluta que solo tiene un pero, el no haberse decidido, o quizás no les dejaron, por editarlo con la primera idea preconcebida para la portada, que era un oso de peluche sentado en solitario en el ático con un corte en la muñeca y el relleno esparcido por el suelo. Una imagen mucho más misteriosa y sugerente que la foto finalmente escogida. Pero ya saben, nada es perfecto.

JOE FREBACHER (Periodista): Se notaba que el grupo no solo había madurado como músicos, sino que a la vez mantenían su postura de promotores de la ética punk.

JOEY KRAMER: Fue un disco en el que participó toda la banda. Recuerdo que estábamos todos juntos allí casi todo el tiempo. Cuando venía Steven, eso sí, lo enviábamos de vuelta a su habitación y le decíamos que siguiera escribiendo letras. A Tyler le gusta estar presente para todo, y a veces las cosas no pueden hacerse así.

TOM HAMILTON: Supongo que nos salió redondo porque logramos combinar perfectamente temas buenos, y teníamos un espíritu creativo que solo se consigue tras una larga gira. En aquella época éramos como una máquina bien engrasada.

STEVEN TYLER: El disco apareció en abril de 1975 y fue disco de oro. El resto del año lo pasamos en la carretera. Aquel fue el año en que todo cambió para nosotros. El álbum tuvo buenas críticas y la gente empezó a tomarnos más en serio; ¡ya iba siendo hora!

DONNIE KEMP: En general, el álbum es lo que ahora conocemos como el clásico Aerosmith. El disco no presenta una sola pista mediocre. Su energía y vitalidad, así como la musicalidad, siguen siendo tan vibrantes e impactantes como hace 40 años.

JOEY KRAMER: Tuvo que salir *Toys In The Attic* para que «Dream On» despegara, nuestro primer sencillo de éxito que era de nuestro primer disco de 1973. No habíamos parado de girar y trabajar, pero hasta *Toys* nadie pareció percatarse de la canción. Y luego, por supuesto, «Walk This Way» estaba ahí, sigilosamente para marcar nuestro camino.

DONNIE KEMP: El disco recibió críticas excelentes, aunque algunos críticos severos los tildaron de copias de los Stones. Pero, en general, la respuesta fue muy favorable. Normalmente se considera este disco su primer pico creativo, después de *Get Your Wings* y, sobre todo, antes del superlativo *Rocks*.

SHAWN PERRY: *Toys In The Attic* es, a todas luces, el álbum que lanzó a Aerosmith a la estratosfera. Fue una progresión natural como tercer disco. El debut homónimo del quinteto de Boston demostró ser muy prometedor, mientras que su segundo lanzamiento, *Get Your Wings*, solidificó a la banda como un atuendo rudo y una actitud que rivalizaba con los Rolling Stones. El don de Steven Tyler como compositor y líder enigmático fue innegable, y el ataque de las guitarras gemelas de Joe Perry y Brad Whitford, apoyados por la robusta sección de ritmo del bajista Tom Hamilton y el baterista Joey Kramer, tenían una fuerza descomunal. Artísticamente y comercialmente, los elementos encajaron perfectamente en *Toys In The Attic.*

SERGIO MARTOS (Escritor y periodista): El hecho diferencial que encumbra a una banda por encima de la media: que sus discos o el tipo de composiciones que plantean no pertenezcan a una era concreta. Aerosmith no fueron una de las cinco bandas americanas más importantes durante muchos años por arte de magia. No, lo fueron porque planteaban cosas en sus melodías, en los arreglos, en la forma de cantar de Tyler, que les hacía únicos y atípicos. Escucharás a Nazareth, a Foghat, a Joe Walsh, o incluso a Bad Company, grandes bandas y artistas todos, y lo primero que se te pasa por la cabeza es que su música pertenece a los setenta. Con los discos clásicos de Aerosmith no crece esa sensación, del modo que tampoco sucede con *Abbey Road, Houses Of The Holy* o *Raw Power*. Los tipejos hacían del rock un arte, no una revisión al género. Escuchando canciones como «Uncle Salty» o «Adam's Apple» te percatas; no hay nada obvio. Ni tan siquiera los estribillos, pues son casi inexistentes, así como decir de pasada el título de la canción. ¿Y qué sucede cuando entiendes a James Brown y lo tamizas con un poco de Yardbirds? Ahí lo tienen, el hit que nunca muere y que te hace bailar hasta querer vomitar: «Walk This Way». De «No More, No More» hablamos otro día, así como de una de las baladas más conmovedoras de todos los tiempos, «You See Me Crying», o del tótem guitarrístico de Whitford y Perry en «Round and Round». *Toys In The Attic* es su primera obra cumbre, porque al año siguiente volvieron a reinventarse con *Rocks* y dieron mecha al heavy americano después de que Montrose hubiese sido el arquitecto original con su primer álbum.

ROBERT CHRISTGAU: Estos chicos están aprendiendo el arte en un tiempo récord, incluso las canciones más tranquilas son un poco locas. Tyler ha conseguido un punto por sus viciosas líneas y mirada. Alguien que pueda encajar una canción llamada «Adam's Apple» con la frase «amor al primer *bocao*» merece rehabilitar un blues como «Big Ten-Inch Record».

JACK DOUGLAS: El resultado superó las expectativas. Era un disco difícil, aunque no se lo dije al grupo en ese momento. Se trataba de acabar de escalar posiciones en el entorno musical o quedarse siempre en un segundo plano. Cuando vi que las cosas funcionaban me sentí muy satisfecho. Es cierto que, ya de entrada vi que allí había algo, las canciones eran buenas y el grupo estaba motivado. Pero eso no te garantiza nada. He visto cientos de grupos no conseguir nada a pesar de sonar muy bien y tener buenos temas. La suerte también ha de jugar a tu favor.

TIM SHERIDAN: Led Zeppelin y Black Sabbath pudieron haber abierto el camino al hard rock, pero con su tercer álbum Aerosmith se consolidaron como los progenitores del «cock rock», un subgénero centrado en el sexo y las drogas, y que extremó esos temas hasta el punto de hacer que «The Lemon Song» de Led Zeppelin pareciera un himno de iglesia. También le hizo ganar a la banda un público internacional.

Las declaraciones son exclusivas para la ocasión o aparecidas en medios como Uncut, Creem, Paste, Guitar Prayer, Rolling Stone *y* NME. *En el caso de los miembros de la banda son declaraciones publicadas en el* Wall Street Journal, Creem, L.A. Times, Ultimate Guitar, NY Times, Mojo, Uncut, Spin, The Quietus, Vintage Rock *y* UCR, *así como en los libros* ¿Acaso molesta el ruido que retumba en mi sesera? *de StevenTyler,* Aerosmith *de Andrés López,* 1001 discos que hay que escuchar antes de morir *de VV.AA,* Aerosmith *de Martin Huxley y* El Ave Fénix del Rock de Gus Cabezas.

50 curiosidades sobre Aerosmith

1. El grupo estuvo a punto de llamarse Arrowsmith, aunque finalmente llegaron al nombre por el que los conocemos. Descartados en el proceso de elección de nombres quedaron The Bananas (sic), Spike Jone y Slit Jane.
2. Durante un tiempo, como muchas bandas, compartieron apartamento en Boston y comían solo arroz, mientras soñaban con ser músicos profesionales.
3. Steven Tyler compuso «Dream on» en 1965, con apenas 17 años, cuando Aerosmith estaba lejos de existir.
4. «Love In An Elevator» es una de las canciones que suena en la montaña rusa dedicada al grupo en los parques Disney World. La letra de la canción se modificó para que en un momento dijera «amor en una montaña rusa» en lugar de «amor en un ascensor».
5. Steven tiene su propia marca de motocicletas llamada Red Wing.
6. Aerosmith incluyó «You See Me Crying» en *Toys In The Attic*. En una fiesta años después, Steven Tyler oyó la canción y le dijo a Joe Perry que debían hacer una versión porque estaba muy bien. Perry le contestó con un «si somos nosotros, idiota».
7. Steven Tyler es un fan empedernido de *Star Trek*. De hecho, piensa que la conocida saga define perfectamente cómo será el futuro de la humanidad.
8. La primera mujer de Steven y madre de su hija Mia fue Cyrinda Foxe, que antes había sido esposa de David Johansen de los New York Dolls y había tenido un affaire con David Bowie.
9. Joe Perry es conocido por tres apodos, al margen de *Toxic Twins* que es como se conoce su unión con Steven Tyler. El guitarrista es apodado Joe Fuckin' Perry, Italian Stallion y Admiral Perry.
10. Steven posee unos prismáticos de visión nocturna para controlar que los paparazzis no se cuelen en su casa a hacerle fotos a él o a su familia.

11. Tyler asegura que ha perdido las cuentas de las veces en las que una mujer le ha pedido que le firme un autógrafo en un pecho. Incluso, asegura, que varias veces le han pedido que lo haga en una vagina.
12. Igual que Jimmy Page de Led Zeppelin, Steven Tyler tuvo una etapa en la que se sintió atraído por la figura del ocultista Aleister Crowley. Eso sí, lo que más le gusta de su obra son los textos dedicados al sexo.
13. Tras su operación de garganta, la recuperación de Steven Tyler apareció en *National Geographic*, donde le apodaron La Increíble Máquina Humana.
14. En 2016, Steven Tyler se paró a cantar con un músico callejero en Moscú, «I Don't Want To Miss A Thing».
15. Como muchos guitarristas, Joe es un gran coleccionista de guitarras. Uno de sus más preciados tesoros es una Fender totalmente transparente.
16. La hija que Steven Tyler tuvo con la chica Playboy Bebe Buell es la actriz Liv Tyler, protagonista entre otras de la película *Armageddon*.
17. Liv, de hecho, le pidió a su padre consejo para protagonizar la película, por si se consideraba demasiado comercial. Papá le dijo que adelante, y además acabó interpretando con Aerosmith la conocida «I Don't Wanna Miss A Thing» como parte de la banda sonora.
18. Fue el músico Todd Rundgren, pareja en aquel momento de Bebe Buell, el que realmente ejerció el papel de Padre de Liv Tyler durante su infancia y adolescencia.
19. El cantante y Paul McCartney se conocieron en un lavabo en los setenta. Fue el ex Beatle el que se acercó a Steven a decirle que le encantaba su música.
20. Ya lo hemos apuntado, pero Tyler, en sus momentos de mayor adicción, guardaba en sus pañuelos una buena dosis de pastillas ante la necesidad de tocarlas de manera habitual.
21. A Joe Perry le gustaba quitarle su droga a Steven Tyler y luego enseñársela en el escenario, haciendo que este perdiera el control y se comportara como un simple yonqui con el mono.
22. Son incontables las veces en las que Steven Tyler abandonó un recinto en camilla entre finales de los setenta y principios de los ochenta, ante la imposibilidad de hacerlo por su propio pie.
23. Joe Perry y Steven Tyler se han liado a mamporros en el escenario al menos en cuatro ocasiones.

24. Mientras estuvo en la banda, y durante uno de los viajes del grupo, Rick DuFay intentó tirarse desde un avión, totalmente fuera de sí por culpa de las drogas.
25. En la actualidad, el único miembro de Aerosmith que no tiene un gimnasio en su casa es Joey Kramer.
26. La primera droga que probó Steven Tyler fue la hierba, y lo hizo cuando tenía 16 años. Actualmente alardea de haberlas probado todas.
27. «Sweet Emotion» tuvo un pico de popularidad en los noventa, muchos años después de su publicación, cuando se grabó un videoclip exclusivo para ella.
28. Aerosmith son unos grandes amantes de la música funk, y su artista favorito del género es James Brown.
29. Se asegura que los de Boston es el grupo con más discos de grandes éxitos de la historia. Hasta 14 han publicado.
30. Aerosmith ha sido nominado 17 veces a los premios Grammy y ha ganado cuatro. En cuanto a los American Music Awards, las nominaciones han sido nueve, con seis triunfos.
31. La canción con más premios o nominaciones de la carrera de Aerosmith es «Janie's Got A Gun».
32. El sonido del principio de «Blind Man» es Steven Tyler abriendo una navaja delante del micrófono.
33. Uno de los primeros grupos musicales que apareció en la serie de dibujos animados *Los Simpson* fue Aerosmith. Lo hicieron en 1991. Luego, la aparición de bandas junto a Homer, Bart y compañía se haría habitual.
34. En «Back In The Saddle» Tyler pegó unas panderetas en sus botas camperas para hacer la percusión repicando encima de una madera. Quisieron también introducir el ruido real de un látigo, pero nadie fue capaz de conseguirlo, así que acabaron simulándolo con una cuerda.
35. Donald Trump ha utilizado canciones de Aerosmith en sus mítines dos veces. En 2015 utilizó «Dream On» y en 2018 «Livin' On The Edge». En ambas ocasiones el grupo le solicitó por escrito que dejara de hacerlo.
36. «Angel» tiene alguna similitud con «Dream On». Y es que cuando Steven se sentó a componer con Desmond Child el tema, el primer acorde que le tocó para servir de arranque era el de su primer gran hit.
37. Poco antes de que sucediera la tragedia, Aerosmith se habían negado a viajar en el avión que acabaría estrellándose con los miembros de Lynyrd Skynyrd a bordo en 1977.

38. Los fans de Aerosmith se denominan a sí mismos The Blue Army.
39. Entre 1997 y 2019, el grupo ha tocado todos los años de manera ininterrumpida con la excepción de 2008, año en el que no realizaron ningún concierto.
40. Steven Tyler es uno de los pocos personajes del mundo de la farándula que puede alardear de haber sido nominado a un Grammy, a un Emmy y a un Oscar de Hollywood.
41. Al principio de su carrera, Tom Hamilton optó por la guitarra como instrumento. Decidió cambiarse al bajo para tener más oportunidades, ya que consideraba que en su ciudad no había ni un bajista decente.
42. A pesar de ser todo un casanova, Joe Perry sentó la cabeza en 1983 cuando conoció a Billie Paulette Montgomery. Dos años después se casarían y el guitarrista incluso tuneó su Gibson BB King «Lucille» con la imagen de su esposa.
43. Si antes hablábamos de motos, ahora lo hacemos de armónicas. Steven Tyler tiene una con su nombre dentro de las *Signature Series* de la célebre marca *Hohner*.
44. Al final de «Full Circle» suena un instrumento que parece una gaita, pero no es así. Se trata de una caja de música comprada por la mujer de Steven.
45. Ya sabemos que los americanos son muy dados a que celebridades de la canción canten su himno. Steven Tyler lo hizo en la edición 85 de las famosas 500 Millas de Indianápolis. La revista *Billboard* recogió su interpretación en la lista de las 10 peores de todos los tiempos.
46. Slash, guitarrista de Guns n'Roses, compró una Les Paul de 1959 que había pertenecido a Joe Perry. Este quiso recuperarla años más tarde y eso les llevó a más de un desencuentro, aunque acabaron aclarándose.
47. En un anuncio de la *Super Bowl* emitido en un programa de televisión de máxima audiencia, el cristal de una cámara se quebró ante un grito agudo de Steven Tyler.
48. En mayo de 2012, en un curioso giro del destino. Mick Jagger apareció en el programa *Saturday Night Live* ¡imitando a Steven Tyler! ¡Quién nos lo iba a decir!
49. En 1979, Michael Schenker (UFO, Scorpions) realizó una prueba, que no superó, para entrar a formar parte de Aerosmith.
50. A Steven le encanta llevar pintadas las uñas de los pies. De hecho, lo que más le gusta es llevar cada uña de un color diferente.

50 grandes canciones de Aerosmith

Como complemento a la lectura de este libro, y como la música solo se entiende con música, me propuse confeccionar una lista con las 50 mejores canciones de Aerosmith, ordenadas de mejor a peor. Para ello, y a diferencia de otras ocasiones, en las que para hacer algo similar he contado con la colaboración de expertos en música, he decidido resumir y hacer una media aritmética con las puntuaciones de revistas que en un momento u otro han hecho listas de este tipo con la discografía del grupo. Esas publicaciones son *Rate Your Music*, *Ultimate Classic Rock*, *Rolling Stone*, *AZ Central*, *The Guardian*, *Rock Show Critique*, *Classic Rock* y *Mojo*. A esas listas he añadido mi propia puntuación a la que he dado valor doble. Para algo soy el escritor del libro ¿no? Este es el resultado.

1. Dream On (*Aerosmith*, 1973)
2. Walk This Way (*Toys In The Attic*, 1975)
3. Sweet Emotion (T*oys In The Attic*, 1975)
4. Back In The Saddle (*Rocks*, 1976)
5. Janie's Got A Gun (*Pump*, 1989)
6. What It Takes (*Pump*, 1989)
7. Mama Kin (*Aerosmith*, 1973)
8. Last Child (*Rocks*, 1976)
9. Crying' (*Get A Grip*, 1973)
10. Draw The Line (*Draw The Line*, 1977)
11. Dude (*Looks Like A Lady*) (*Permanent Vacation*, 1987)
12. Blind Man (*Big Ones*, 1994)
13. I Don't Wanna Miss A Thing (*Armaggedon: The Album*, 1998)
14. Love In An Elevator (*Pump*, 1989)
15. You See Me Crying (*Toys In The Attic*, 1975)
16. Crazy (*Get A Grip*, 1989)

17. Living On The Edge (*Get A Grip*, 1993)
18. Rag Doll (Permanent Vacation, 1987)
19. No More No More (*Toys In The Attic*, 1975)
20. Kings And Queens (*Draw The Line*, 1977)
21. Toys in the Attic (*Toys In The Attic*, 1975)
22. Nobody's Fault (*Rocks*, 1976)
23. Chiquita (*Nights In The Ruts*, 1979)
24. Jaded (*Just Push Play*, 2001)
25. Sick As A Dog (*Rocks*, 1976)
26. Bolivian Raggamuffin (*Rock In A Hard Place*, 1982)
27. Same Old Song And Dance (*Get Your Wings*, 1974)
28. Seasons Of Wither (*Get Your Wings*, 1974)
29. The Other Side (*Pump*, 1989)
30. Beyond Beautiful (*Just Push Play*, 20019
31. Adam's Apple (*Toys In The Attic*, 1975)
32. Fly Away From Here (*Just Push Play*, 2001)
33. Angel (*Permanent Vacation*, 1987)
34. Hole In My Soul (*Nine Lives*, 1997)
35. Young Lust (*Pump*, 1989)
36. Amazing (*Get A Grip*, 1993)
37. FINE (*Pump*, 1989)
38. Just Push Play (*Just Push Play*, 2001)
39. Sunshine (*Just Push Play*, 2001)
40. Eat The Rich (*Get A Grip* 1993)
41. Nine Lives (*Nine Lives*, 1997)
42. Pink (Nine Lives, 1997)
43. Baby Please Don't Go (*Honkin' On Bobo*, 2004)
44. Road Runner (*Honkin' On Bobo*, 2004)
45. Chip Away (*The Stone Live! Bootleg*, 1978)
46. Love Me Two Times (*Air America BSO*, 1990)
47. Flesh (*Get A Grip*, 1993)
48. The Movie (*Permanent Vacation*, 1987)
49. Shame On You (*Down With Mirrors*, 1985)
50. Get A Grip (*Get A Grip*, 1993)

Analizando la lista resultante, se nos muestran varios datos curiosos, como que por ejemplo el disco con más canciones incluidas en la misma –hasta 9–

es *Get A Grip* de 1993. Eso sí, si otorgamos una puntuación de 50 puntos a la canción que aparece en primera posición, y vamos disminuyendo hasta darle un punto a la que aparece en la posición 50 obtenemos una curiosa pero empírica clasificación de los discos de Aerosmith de mejor a peor. Estos son los diez primeros puestos, sin tener en cuenta recopilatorios:

1. Toys In The Attic (215 puntos)
2. Pump (180 puntos)
3. Rocks (145 puntos)
4. Get A Grip (142 puntos)
5. Aerosmith (94 puntos)
6. Just Push Play (92 puntos)
7. Permanent Vacation (76 puntos)
8. Draw The Line (72 puntos)
9. Get Your Wings (47 puntos)
10. Nine Lives (36 puntos)

Los primeros puestos son bastante evidentes, y aunque probablemente hay quien modificaría las posiciones, no sería de extrañar que esos mismos tres discos siempre estuvieran en el Top 3. En cambio, sorprende que *Get A Grip* conserve un puesto entre los cinco primeros, demostrando que son álbumes que han ganado adeptos con el paso del tiempo, y que *Just Push Play*, un disco ya grabado en este siglo aparezca por delante de *Permanent Vacation* o *Draw The Line*. Pero así son las listas.

Playlist Spotify:

Si quieres escuchar las 50 canciones más significativas de Aerosmith aquí tienes un link que te conducirán a ellas:

https://open.spotify.com/playlist/4uDyVszwT8k9I3QNmPpt6t?si=L2cZ-8uvS5qzwkCsTZqqHQ

Bibliografía

Bienstock, Richard. *Aerosmith: The Ultimate Illustrated History of the Boston Bad Boys*, Voyageur Press. Nueva York, 2011.

Cabezas, Gus. Aerosmith. *El Ave Fénix Del Rock*. Editorial La Máscara. Valencia, 1996.

David, Stephen. Walk This Way. *The Autobiogtaphy of Aerosmith*. Dey Street Books. Boston, 1997.

Edgers, Geoff. *Walk This Way*. Penguin Random House – Blue Rider Press. Los Ángeles, 2019.

Guillén, Sergio y Puente, Andrés. *Aerosmith*. Viviendo Al Límite. Editorial Milenio. Barcelona, 2017.

Huxley, Martin. *Aerosmith*. Ediciones Cátedra, 1998.

Larkin, Colin. *The Virgin Encyclopedia Of 70s Music*. Virgin Books, Londres 2002

López, Andrés. *Aerosmith*. Editorial La Máscara. Valencia, 2000.

Paytress, Mark. *La historia del rock: la guía definitiva del rock, el punk, el metal y otros estilos*. Parragon Books. Londres, 2012.

Perry, Joe. *My Life In And Out of Aerosmith*. Simon and Schuster. Nueva York, 2014.

Shapiro, Harry. *Historia del Rock y las drogas*. Ma Non Troppo. Barcelona, 2012.

Street, John – Frith, Simon – Straw, Will. *La Otra Historia del Rock*. Ma Non Troppo. Barcelona, 2006.

Strong, Martin C. *The Great Rock Discography*. Canongate Books. Edimburgo, 2002.

Tyler, Steven ¿Acaso *molesta el ruido que retumba en mi cabeza?* Malpaso Ediciones, 2014.

VV.AA. *1001 discos que hay que escuchar antes de morir.* Universe Publishing. Londres, 2005.

VV.AA. *Crónicas del Rock*. Lunwerg. Madrid, 2013.

REVISTAS Y WEBS

Uncut (www.uncut.co.uk)
Mojo (www.mojomusic.com)
Ruta 66 (www.ruta66.es)
Mondosonoro (www.mondosonoro.com)
Popular 1 (www. Popular1.com)
Rock De Lux (www.rockdelux.com)
Creem (www.creemmag.com)
Rolling Stone (www.rollingstone.com)
NME (www.nme.com)

La Novela Gráfica del Rock

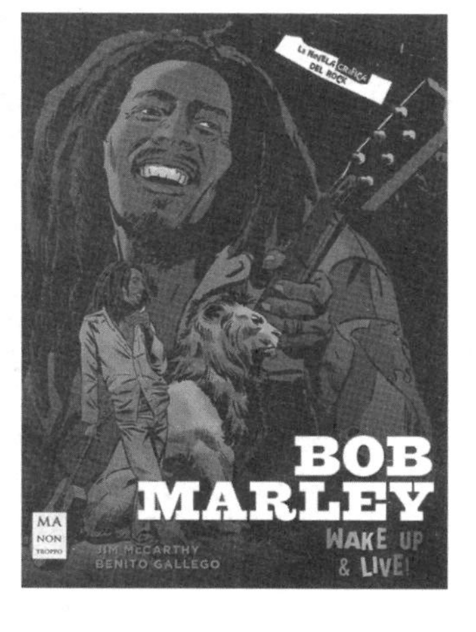

Guías del Rock & Roll

Indie & rock alternativo - *Carlos Pérez de Ziriza*

Country Rock - *Eduardo Izquierdo*

Soul y rhythm & blues - *Manuel López Poy*

Heavy Metal - *Andrés López*

Rockabilly - *Manuel López Poy*

Hard Rock - *Andrés López*

Dance Electronic Music - *Manu González*

Rockeras - *Anabel Vélez*

Reggae - *Andrés López*

Rock progresivo - *Eloy Pérez Ladaga*

El Punk - *Eduardo Izquierdo y Eloy Pérez Ladaga*

Musica Disco - *Carlos Pérez de Ziriza*

Leyendas urbanas del rock - *José Luis Martín*

Historias del Heavy Metal - *Eloy Pérez Ladaga*

Mitos del Rock & Roll

Bob Dylan - *Manuel López Poy*

Pink Floyd - *Manuel López Poy*

Queen & Freddie Mercury - *José Luis Martín*

Iron Maiden - *Andrés López*

Jim Morrison & The Doors - *Eduardo Izquierdo*

Kiss - *Eloy Pérez Ladaga*

Elton John - *José Luis Martín*